Katharina Jenak
Schnellkurs Buchführung und Inventur

Kaufmännisches Grundwissen
für Neu- und Quereinsteiger

Katharina Jenak

Schnellkurs Buchführung und Inventur

Lexika Verlag®

Bibliografische Information Der Deutschen Bibliothek
Die Deutsche Bibliothek verzeichnet diese Publikation in der Deutschen Nationalbibliografie; detaillierte bibliografische Daten sind im Internet über http://dnb.ddb.de abrufbar.

Lexika Verlag erscheint bei Krick Fachmedien GmbH + Co. KG, Würzburg

Druck: Schleunungdruck, Marktheidenfeld
Printed in Germany
ISBN 3-89694-318-9

Vorwort

„Ein Geschäft ohne Buchführung oder mit mangelhafter Buchführung ist gleich einem Schiff auf hoher See, dem der Kompass fehlt – ein Spielball des Zufalls und der Wellen.“

(Handel und Wandel. Ein Lesebuch für den jungen Kaufmann. 1917)

Sie möchten sich in kurzer Zeit Grundwissen zur Buchführung aneignen, zum Beispiel weil sich für Sie die Chance einer beruflichen Veränderung oder gar eines Neuanfangs als Existenzgründer bietet? Das kann Ihnen dieser Schnellkurs erleichtern.

Sie erhalten mit diesem Buch eine Einführung in die Aufgaben der Buchführung und deren Bedeutung innerhalb des betrieblichen Rechnungswesens sowie in die gesetzlichen Grundlagen. In einzelnen Kapiteln lernen Sie die steuerlichen Gewinnermittlungsarten, Inventar, Inventur und Bilanz als Basis der doppelten Buchführung, Buchungen auf Bestands- und Erfolgskonten und ausgewählte Buchungsfälle aus der Praxis kennen. Dabei werden auch umsatzsteuerliche Probleme erläutert und organisatorische Aspekte der Buchführung im Überblick vorgestellt. In einem gesonderten Kapitel erfahren Sie Wissenswertes zur Einnahmenüberschussrechnung. Ihren Schnelleinstieg Buchführung und Inventur schließen Sie mit Informationen über EDV-Buchführung sowie zur Internationalen Rechnungslegung ab.

Zu allen Themen können Sie das Fachwissen anhand zahlreicher Beispiele und durch kurze Übungsaufgaben vertiefen. Die angegebenen Lösungen am Ende des Buchs erleichtern Ihnen die Kontrolle über den Erfolg Ihres Selbststudiums. Durch Praxistipps und Checklisten ist das Buch zudem eine wichtige tägliche Arbeitshilfe für Sie als Neu- und Quereinsteiger, in Kleinunternehmen und bei Existenzgründungen.

Verschaffen Sie sich zunächst einen Überblick darüber, was Sie in den Kapiteln des Schnellkurses erwartet. Nehmen Sie sich Zeit für das Erarbeiten der einzelnen Abschnitte. Dabei können Sie Kapitel, in denen Ihnen die dargestellten gesetzlichen Regelungen zu umfangreich erscheinen, vorerst informativ lesen. Später werden Sie sich damit bestimmt eingehender beschäftigen – immer dann, wenn Sie Gründe für die Notwendigkeit bestimmter Verfahrensweisen suchen. Vollziehen Sie die Beispiele nach und planen Sie auch genügend Zeit für das selbstständige Lösen der Übungen ein. Suchen Sie in Ihrer Buchhaltungspraxis nach Beispielen und Gelegenheiten, um Ihr neu erworbenes Wissen regelmäßig üben und anwenden zu können!

Zum Schluss möchte ich Sie noch einmal mit den Ratschlägen des historischen Lesebuchs für den jungen Kaufmann zur eingehenden Beschäftigung mit der Buchführung anregen – ich wünsche Ihnen schon jetzt viel Erfolg dabei!

„Freilich vermehrt die Arbeit, die man auf die Führung seiner Bücher verwendet, das Einkommen nicht unmittelbar; aber sie zeigt dem Kaufmann, wo er seine Anstrengungen zu verdoppeln hat, wo sein Bemühen fruchtlos war.“

Katharina Jenak, Buddenhagen, im September 2003

Inhaltsverzeichnis

Abkürzungen

AB	Anfangsbestand
AfA	Absetzung für Abnutzung
aLuL	aus Lieferungen und Leistungen
AO	Abgabenordnung
BA	Bankauszug
BGA	Betriebs- und Geschäftsausstattung
BÜVO	Beitragsüberwachungsverordnung
BStBl	Bundessteuerblatt
EB	Endbestand
EBK	Eröffnungsbilanzkonto
ER	Eingangsrechnung
ESt	Einkommensteuer
EStDV	Einkommensteuer- Durchführungsverordnung
EStG	Einkommensteuergesetz
EStH	Amtliches Einkommensteuer-Handbuch
EStR	Einkommensteuer-Richtlinien
GewStG	Gewerbesteuergesetz
GoB	Grundsätze ordnungsmäßiger Buchführung
GuV	Gewinn und Verlust
GWG	geringwertiges Wirtschaftsgut
HGB	Handelsgesetzbuch
IAS	International Accounting Standards
KStG	Körperschaftsteuergesetz
LStDV	Lohnsteuer-Durchführungsverordnung
MwSt.	Mehrwertsteuer
SBK	Schlussbilanzkonto
US-GAAP	United States Generally Accepted Accounting Principles
USt	Umsatzsteuer
UStDV	Umsatzsteuer-Durchführungsverordnung
UStG	Umsatzsteuergesetz
UStR	Umsatzsteuer-Richtlinien
VSt	Vorsteuer
VWL	Vermögenswirksame Leistungen
WEK	Wareneinkauf
WVK	Warenverkauf

1 Notwendigkeit und Bedeutung der Buchführung innerhalb des betrieblichen Rechnungswesens

1.1 Aufgaben der Buchführung

Die Buchführung ist der älteste und zugleich wichtigste Zweig des betrieblichen Rechnungswesens. Der erste systematische Überblick über die doppelte Buchführung wurde bereits 1494 in Venedig von dem Franziskanermönch Luca Pacioli veröffentlicht. Das betriebliche Rechnungswesen entstand erst im Laufe mehrerer Jahrhunderte als ein Informations- und Kontrollsystem zur zahlenmäßigen Erfassung, Überwachung und Auswertung des gesamten Unternehmensgeschehens und umfasst die Bereiche Buchführung, Kosten- und Leistungsrechnung, Betriebsstatistik und Planungsrechnung.

Die Buchführung, die auch als Finanz- oder Geschäftsbuchführung bezeichnet wird, ist eine Zeitrechnung und hat die Aufgabe, alle Geschäftsvorfälle vollständig, richtig, zeitgerecht und sachlich geordnet zu erfassen. In einem Unternehmen werden beispielsweise Rohstoffe und Waren eingekauft, Gegenstände zur Büro- und Geschäftsausstattung angeschafft, Waren und Leistungen verkauft, Löhne ausgezahlt, Forderungen an Kunden und Verbindlichkeiten bei den Lieferanten durch Zahlungen beglichen. Diese Geschäftsvorfälle sind nach den Grundsätzen ordnungsmäßiger Buchführung aufzuzeichnen. Dazu ist eine Buchung vorzunehmen.

Beispiel:

Der Kauf eines Regals zum Preis von 415,00 € gegen Barzahlung für die Einrichtung eines Ladengeschäfts ist wie folgt zu buchen:

Datum:	02.05.2003	Belegnummer:	Re 005
Buchungstext:	Verkaufsregal	Betrag:	415,00 €
Konto:	Geschäftsausstattung	Gegenkonto:	Kasse

Mit allen so in der Buchführung systematisch erfassten Geschäftsvorfällen kann jederzeit die den tatsächlichen Verhältnissen entsprechende Vermögens- und Ertragslage eines Unternehmens aufgezeigt werden. Durch jährlich zu erstellende

Abschlüsse werden die Vermögenslage zum Bilanzstichtag am Schluss eines Wirtschaftsjahrs und der im Wirtschaftsjahr erreichte Geschäftserfolg nachgewiesen. Die Buchführung ist somit Zahlenlieferant für alle weiteren Zweige des betrieblichen Rechnungswesens und des gesamten Unternehmens. Die Kosten- und Leistungsrechnung nutzt ihre Angaben z.B. für Preiskalkulationen und zur Überwachung der Wirtschaftlichkeit. Der Betriebsstatistik liefert sie Daten für den Vergleich mit Kennzahlen früherer Zeitabschnitte oder von Konkurrenzunternehmen. Schließlich ist sie die Grundlage für Controlling, Planungsrechnungen und Entscheidungshilfe bei Investitionsvorhaben oder bei der Entwicklung neuer Unternehmensziele.

! In der Buchführung oder Finanz- oder Geschäftsbuchführung werden alle Zahlungen und mit Zahlungen verbundene Geschäftsvorfälle dokumentiert. In der Betriebsbuchführung dagegen erfolgt die zahlenmäßige Erfassung des eigentlichen Leistungsprozesses. Es handelt sich um eine weitere Bezeichnung für die Kosten- und Leistungsrechnung. Verwechseln Sie diese Begriffe nicht!

Die aus der Buchführung erkennbare Vermögens- und Ertragslage eines Unternehmens ist aber nicht nur für das Unternehmen selbst relevant, sondern auch für die Besteuerung und für den Gläubigerschutz. Durch gesetzliche Verpflichtungen zur Buchführung werden nachprüfbare Besteuerungsgrundlagen sichergestellt.
Die Buchführung dient darüber hinaus auch als Beweisgrundlage bei Rechtsstreitigkeiten, beispielsweise mit Kunden und Lieferanten.

Aufgaben der Buchführung

Darstellung der Vermögenslage am Schluss eines Geschäfts- oder Wirtschaftsjahrs
- Nachweis von Vermögen und Schulden
- Nachweis des Eigenkapitals als Saldo von Vermögen und Schulden
- Hinweis auf Veränderungen von Vermögen und Schulden

Darstellung des Erfolgs während eines Geschäfts- oder Wirtschaftsjahrs
- Nachweis von Aufwendungen und Erträgen
- Nachweis des Erfolgs (Gewinn oder Verlust) als Saldo von Aufwendungen und Erträgen
- Hinweis auf Veränderungen von Aufwendungen und Erträgen

Information weiterer Unternehmensbereiche wie Kosten- und Leistungsrechnung, Betriebsstatistik, Planungsrechnung und Controlling

Sicherung der Grundlagen für die Besteuerung (Einkommensteuer, Körperschaftsteuer, Umsatzsteuer, Gewerbesteuer)

Auskunft und Information zum Schutz von Anteilseignern, Gläubigern, Arbeitnehmern und Banken

Bereitstellung von Beweisgrundlagen bei Rechtsstreitigkeiten mit Kunden und Lieferanten oder bei Forderungen durch Behörden

Das genannte Geschäfts- bzw. Wirtschaftsjahr stimmt zeitlich überein. Unterschiedlich ist nur die Herkunft: Das Geschäftsjahr ist ein Begriff aus dem Handelsrecht, das Wirtschaftsjahr ist der steuerrechtliche Begriff.

1.2 Gesetzliche Regelungen zur Buchführung

1.2.1 Buchführungspflicht nach Handels- und Steuerrecht

Nach Handelsrecht ist jeder Kaufmann nach § 238 Abs. 1 HGB zur Buchführung verpflichtet. Die Kaufmannseigenschaft ist somit nicht nur für die Buchführungspflicht an sich maßgebend, sondern auch für deren Beginn und Beendigung. Siehe dazu auch die Übersicht auf Seite 14.

Istkaufmann (§ 1 HGB)	**Kannkaufmann** (§§ 2, 3 und 5 HGB)	**Formkaufmann** (§ 6 HGB)
Kaufmannseigenschaft beginnt mit Betreibung des Handelsgewerbes	Kaufmannseigenschaft beginnt mit freiwilliger Eintragung ins Handelsregister	Kaufmannseigenschaft infolge Rechtsform beginnt mit der Gründung der Gesellschaft
Kaufmann ist, wer ein Handelsgewerbe betreibt. Handelsgewerbe ist jeder Gewerbebetrieb, es sei denn, dass das Unternehmen nach Art oder Umfang einen in kaufmännischer Weise eingerichteten Geschäftsbetrieb nicht erfordert.	Gewerbetreibende, die keinen in kaufmännischer Weise eingerichteten Geschäftsbetrieb benötigen (Kleingewerbetreibende), sowie alle land- und forstwirtschaftlichen Unternehmen sind berechtigt, durch Eintragung in das Handelsregister die Kaufmannseigenschaft zu erwerben.	Jeder Verein, dem das Gesetz ohne Rücksicht auf den Gegenstand des Unternehmens eine Kaufmannseigenschaft beilegt. Dazu gehören die Gesellschaften AG, KGaA, GmbH und eingetragene Genossenschaften.

Im Steuerrecht werden zunächst die handelsrechtlichen Buchführungspflichten übernommen. Personen, die nach anderen als den Steuergesetzen buchführungspflichtig sind, müssen die damit verbundenen Verpflichtungen auch für Zwecke der Besteuerung erfüllen (§ 140 AO). Es handelt sich also um eine abgeleitete Buchführungspflicht. Der Zeitpunkt des Beginns der Buchführungspflicht ist bereits im HGB festgelegt.

Damit für alle Steuerpflichtigen die Besteuerung möglichst gleichmäßig und zutreffend durchgeführt werden kann, sind nach Handelsrecht nicht buchführungspflichtige gewerbliche Unternehmer und Land- und Forstwirte ebenfalls zur Buchführung verpflichtet, wenn die Finanzbehörde für den einzelnen Betrieb das Überschreiten folgender Grenzwerte für Kalender- und Wirtschaftsjahre feststellt (§ 141 AO):

Grenzwerte für Buchführungspflicht nach § 141 AO (bis 31.12.2003):

- Umsätze von mehr als 260.000 € im Kalenderjahr,
- selbstbewirtschaftete land- und forstwirtschaftliche Flächen mit einem Wirtschaftswert von mehr als 20.500 €,
- Gewinn aus Gewerbebetrieb von mehr als 25.000 € im Wirtschaftsjahr,
- Gewinn aus Land- und Forstwirtschaft von mehr als 25.000 € im Kalenderjahr.

Die Buchführungspflicht entsteht bereits, wenn eine der genannten Grenzen überschritten wird. Das zuständige Finanzamt muss jedoch diese Steuerpflichtigen auf die bestehende Buchführungspflicht gesondert hinweisen. Die Buchführungspflicht ist dann vom Beginn des auf die Mitteilung folgenden Wirtschaftsjahrs an zu erfüllen.
Nach dem Gesetz zur Förderung von Kleinunternehmern und zur Verbesserung der Unternehmensfinanzierung (Kleinunternehmerförderungsgesetz) sind für Kalender- bzw. Wirtschaftsjahre, die nach dem 31. Dezember 2003 beginnen, in § 141 AO geänderte Grenzwerte vorgesehen:

Grenzwerte für Buchführungspflicht nach § 141 AO (ab 1.1.2004):

- Umsätze von mehr als 350.000 € im Kalenderjahr,
- selbstbewirtschaftete land- und forstwirtschaftliche Flächen mit einem Wirtschaftswert von mehr als 25.000 €,
- Gewinn aus Gewerbebetrieb von mehr als 30.000 € im Wirtschaftsjahr,
- Gewinn aus Land- und Forstwirtschaft von mehr als 30.000 € im Kalenderjahr.

Für freiberuflich Tätige besteht keine Buchführungspflicht, auch dann nicht, wenn die in § 141 AO genannten Grenzen überschritten werden. Diese Vorschrift gilt ausschließlich für Gewerbetreibende und Land- und Forstwirte.
Freiberufler können aber freiwillig Bücher führen und haben dann auch alle damit verbundenen Buchführungspflichten zu erfüllen.
Darüber hinaus müssen alle buchführungspflichtigen und nicht buchführungspflichtigen Gewerbetreibenden Aufzeichnungen führen über den zur gewerblichen Weiterverwendung bestimmten Wareneingang sowie über den Warenausgang, wenn Waren regelmäßig an andere gewerbliche Unternehmen geliefert werden, (§§ 143, 144 AO).

1.2.2 Handels- und steuerrechtliche Vorschriften zur Buchführung

Handels- und Steuerrecht haben unterschiedliche Zielsetzungen. Nach dem Handelsrecht soll die Buchführung die Vermögenslage und den Erfolg einer Abrechnungsperiode zeigen. Dabei hat der Gläubigerschutz eine vorrangige Bedeutung. Die allgemeinen Regelungen dazu sind im Handelsgesetzbuch enthalten und in den Grundsätzen ordnungsmäßiger Buchführung festgelegt. Nach dem Steuerrecht soll die Buchführung eine einheitliche und gerechte Besteuerungsgrundlage liefern. Zu beachten ist dazu die Abgabenordnung, die den allgemeinen Teil des Steuerrechts enthält und für alle Steuerarten gilt. Spezielle Regelungen und weitere Aufzeichnungspflichten sind beispielsweise im EStG, KStG, UStG und GewStG sowie in den entsprechenden Durchführungsverordnungen und Richtlinien festgelegt.

Vorgaben für die Buchführung nach Handels- und Steuerrecht:
Die Buchführung muss so beschaffen sein, dass sie einem sachverständigen Dritten innerhalb angemessener Zeit einen Überblick über die Geschäftsvorfälle und über die Lage des Unternehmens vermitteln kann. Die Geschäftsvorfälle müssen sich in ihrer Entstehung und Abwicklung verfolgen lassen (§ 238 Abs. 1 HGB, § 145 Abs. 1 AO)
Der Kaufmann ist verpflichtet, eine Wiedergabe (Kopie, Abdruck Abschrift oder sonstige Wiedergabe) der abgesandten Handelsbriefe zurückzubehalten (§ 238 Abs. 2 HGB).
Das Führen der Handelsbücher, Buchungen und sonst erforderliche Aufzeichnungen sind in einer lebenden Sprache vorzunehmen. Abkürzungen, Ziffern, Buchstaben oder Symbole müssen in ihrer Bedeutung eindeutig festliegen (§ 239 Abs. 1 HGB, § 146 Abs. 3 AO).
Alle Eintragungen und Aufzeichnungen müssen vollständig, richtig, zeitgerecht und geordnet vorgenommen werden (§ 239 Abs. 2 HGB, § 146 Abs. 1 AO). Kasseneinnahmen und Kassenausgaben sollen täglich festgehalten werden (§ 146 Abs. 1 AO).
Eine Eintragung oder Aufzeichnung darf nicht so verändert werden, dass der ursprüngliche Inhalt nicht mehr feststellbar ist (§ 239 Abs. 3 HGB, § 146 Abs. 4 AO). Korrekturen dürfen also nicht durch Radieren, Überschreiben oder Überkleben von Eintragungen erfolgen. Dieses handels- und steuerrechtliche Korrekturverbot gilt auch bei Einsatz von EDV-Programmen für die Buchführung. Deshalb ist nach Erstellung des Buchungsjournals (siehe Kap. 7.4.1, S. 114) ein Löschen fehlerhafter EDV-Buchungen nicht möglich. Berichtigungen können nur durch Stornierung der Buchung (dazu werden die Daten der fehlerhaften Buchung mit negativem Vorzeichen wiederholt) und anschließender Neubuchung vorgenommen werden.
Die Handelsbücher und sonst erforderlichen Aufzeichnungen können auch in einer

geordneten Ablage von Belegen bestehen oder auf Datenträgern geführt werden, soweit diese Formen der Buchführung den Grundsätzen ordnungsmäßiger Buchführung entsprechen (§ 239 Abs. 4 HGB, § 146 Abs. 5 AO).
Der Kaufmann hat zu Beginn seines Handelsgewerbes und für den Schluss eines jeden Geschäftsjahrs ein Inventar und eine Bilanz aufzustellen. Am Schluss eines jeden Geschäftsjahrs ist eine Gewinn- und Verlustrechnung aufzustellen. Die Bilanz und die Gewinn- und Verlustrechnung bilden den Jahresabschluss. Der Jahresabschluss ist in deutscher Sprache und in Euro aufzustellen (§§ 240, 242 und 244 HGB).
Diese Buchführungsvorschriften werden ergänzt durch Vorschriften zur Aufbewahrung der Unterlagen. Nach § 257 HGB und § 147 AO sind folgende Unterlagen geordnet aufzubewahren:

Aufbewahrungspflichtige Unterlagen nach § 257 HGB, § 147 AO:

▪ Handelsbücher, Inventare, Eröffnungsbilanzen, Jahresabschlüsse, Lageberichte, Konzernabschlüsse, Konzernlageberichte sowie die zu ihrem Verständnis erforderlichen Arbeitsanweisungen und sonstigen Organisationsunterlagen	10 Jahre
▪ Empfangene Handels- oder Geschäftsbriefe	6 Jahre
▪ Wiedergaben der abgesandten Handels- oder Geschäftsbriefe	6 Jahre
▪ Buchungsbelege	10 Jahre

Die Aufbewahrungsfrist beginnt mit dem Schluss des Kalenderjahrs, in dem die letzte Eintragung in das Handelsbuch gemacht, das Inventar aufgestellt, die Eröffnungsbilanz oder der Jahresabschluss festgestellt, der Konzernabschluss aufgestellt, der Handelsbrief empfangen oder abgesandt worden oder der Buchungsbeleg entstanden ist. Die Aufbewahrungsfrist läuft jedoch nicht ab, soweit und solange die Unterlagen für Steuern von Bedeutung sind, für welche die Festsetzungsfrist noch nicht abgelaufen ist.

Zu den aufbewahrungspflichtigen Arbeitsanweisungen und Organisationsunterlagen gehören auch die betrieblichen Kontenpläne, Buchungsanweisungen und die Programmdokumentationen für EDV-Buchführungsprogramme. Mit Ausnahme der Eröffnungsbilanzen, Jahresabschlüsse und der Konzernabschlüsse können diese auch als Wiedergabe auf einem Bildträger oder auf anderen Datenträgern aufbewahrt werden, wenn dies den Grundsätzen ordnungsmäßiger Buchführung entspricht (§ 257 Abs. 3 HGB). Dabei muss sichergestellt sein, dass die Daten während der Aufbewahrungsfrist verfügbar sind und jederzeit lesbar gemacht

werden können und dass sie mit den empfangenen Handels- oder Geschäftsbriefen und mit den Buchungsbelegen bildlich und mit den anderen Unterlagen inhaltlich übereinstimmen.
Sind Unterlagen mithilfe eines Datenverarbeitungssystems erstellt worden, hat die Finanzbehörde im Rahmen einer Außenprüfung das Recht, Einsicht in die gespeicherten Daten zu nehmen und das Datenverarbeitungssystem zur Prüfung dieser Unterlagen zu nutzen (§ 147 Abs. 6 AO).
Neben den sechs- bzw. zehnjährigen Aufbewahrungsfristen des HGB und der AO gibt es zahlreiche abweichende Fristen in anderen handels-, steuer-, berufs-, gewerberechtlichen und sonstigen bundes- und landesrechtlichen Vorschriften. Gegenüber der steuerlichen Aufbewahrungsfrist nach § 147 AO haben kürzere Aufbewahrungsfristen jedoch nur Vorrang, wenn sie in Steuergesetzen enthalten sind. Beispielsweise sind Lohnkonten nach § 41 EStG nur sechs Jahre aufzubewahren.

! Wichtig ist die Unterscheidung von Aufbewahrungspflichten und Verjährungsfristen. Wie lange Unterlagen aufbewahrt werden sollten, um bestehende Ansprüche rechtlich geltend machen oder abwehren zu können, hängt vom jeweiligen Einzelfall ab.

1.2.3 Grundsätze ordnungsmäßiger Buchführung (GoB)

Die Grundsätze ordnungsmäßiger Buchführung (GoB) haben sich im Laufe der Zeit aus praxisbezogenen Regelungen und Normen und aus der Rechtsprechung ergeben und sind in vielen handels- und steuerrechtlichen Vorschriften berücksichtigt.

Formale Grundsätze ordnungsmäßiger Buchführung (Form der Buchführung):

- Grundsatz der formellen Richtigkeit: Führen von Büchern und Aufzeichnungen in einer lebenden Sprache, Verwendung eindeutiger Belegtexte, Eintragungen dürfen nicht unleserlich gemacht werden, Belegzwang – ohne Beleg keine Buchung (siehe dazu ausführlich Kap. 7.3, S. 111 in Verbindung mit Kap. 5.2, S. 78)
- Grundsatz der Klarheit und Übersichtlichkeit: Aufstellungspflicht für Inventar, Eröffnungsbilanz und Jahresabschluss, Verrechnungsverbot zwischen Vermögen und Schulden bzw. zwischen Aufwendungen und Erträgen

Materielle Grundsätze ordnungsmäßiger Buchführung (Inhalt der Buchführung):

- Grundsatz der Vollständigkeit und materiellen Richtigkeit: Geschäftsvorfälle sind lückenlos und zeitgerecht zu erfassen, Kasseneinnahmen und -ausgaben sind täglich aufzuzeichnen, Buchungen müssen tatsächlichen Geschäftsvorfällen entsprechen und sind sachlich geordnet (Kontenplan) vorzunehmen
- Grundsatz der periodengerechten Abgrenzung: Aufwendungen und Erträge sind für den Abrechnungszeitraum zu berücksichtigen, zu dem sie wirtschaftlich gehören

Liegen keine beweiskräftigen und diesen Grundsätzen entsprechende Bücher und Aufzeichnungen zugrunde, so kann das Finanzamt die Besteuerungsgrundlagen schätzen (§ 162 AO). Außerdem sehen die handels- und steuerrechtlichen Gesetze bei schweren Verstößen gegen die Buchführungsvorschriften Buß- und Strafgeldregelungen vor (§§ 331 ff. HGB, §§ 369 ff. AO).

1.3 Übungen

	Ja	Nein
Die Buchführung liefert Informationen über den Stand des Vermögens und der Schulden sowie über den Erfolg (Gewinn oder Verlust) einer Unternehmung.	☒	☐
Das Erstellen von Angeboten, Rechnungen und Lieferscheinen ist eine Aufgabe der Buchführung.	☐	☒
Alle Gewerbetreibenden sind zur Buchführung gesetzlich verpflichtet.	☒	☐
Alle Kaufleute sind zur Buchführung gesetzlich verpflichtet.	☒	☐
Alle Kaufleute werden erst mit dem Eintrag ins Handelsregister buchführungspflichtig.	☐	☒
Freiberufler mit einem Gewinn von jährlich mehr als 30.000 € sind zur Buchführung gesetzlich verpflichtet.	☐	☒

	Ja	Nein
In der Buchführung werden die Bilanz und die Gewinn- und Verlustrechnung erstellt.	☒	☐
Die Buchführung und die sonstigen Aufzeichnungen werden von der Finanzbehörde der Besteuerung zugrunde gelegt.	☒	☐
Falsche Kontierungen auf Belegen können durch Überkleben korrigiert werden, wenn noch keine Buchung vorgenommen wurde.	☒	☒

2 Die steuerlichen Gewinnermittlungsarten

Einkünfte natürlicher Personen sind nach dem Einkommensteuergesetz steuerpflichtig. Ausschlaggebend für die Besteuerung der Einkünfte aus Gewerbebetrieb, selbstständiger Tätigkeit und Land- und Forstwirtschaft ist der Gewinn. Auch die Körperschaftsteuerpflicht von Kapitalgesellschaften, Genossenschaften und Vereinen richtet sich nach dem zu versteuernden Einkommen.
Eine Erläuterung des steuerlichen Gewinnbegriffs im Allgemeinen enthält das Einkommensteuergesetz. Dabei wird zwischen den Gewinnermittlungsarten Betriebsvermögensvergleich und Einnahmenüberschussrechnung unterschieden (§ 4 Abs. 1 und 3 EStG).

Der Gewinn ist von allen, die aufgrund gesetzlicher Vorschriften buchführungspflichtig sind, nach dem Betriebsvermögensvergleich nach § 4 Abs. 1 EStG zu ermitteln. Nur Steuerpflichtige, die nicht aufgrund gesetzlicher Vorschriften buchführungspflichtig sind, dürfen ihren Gewinn auch nach § 4 Abs. 3 EStG in einer Einnahmenüberschussrechnung ermitteln.
Betriebsvermögensvergleich und Einnahmenüberschussrechnung sind zwei verschiedene Gewinnermittlungsarten.

Mit der durch das Kleinunternehmerförderungsgesetz erfolgten Anhebung der Buchführungspflichtgrenzen nach § 141 AO (siehe S. 15) wurde für viele kleinere Gewerbebetriebe und Land- und Forstwirte die weniger aufwändige Gewinnermittlung durch Einnahmeüberschussrechnung möglich und damit eine spürbare Erleichterung geschaffen.

Der Gewinn wird für einen bestimmten Zeitraum – das bereits genannte Wirtschaftsjahr – ermittelt. Wirtschaftsjahr ist

- bei Gewerbetreibenden, deren Firma ins Handelsregister eingetragen ist, der Zeitraum für den sie regelmäßig Abschlüsse machen,
- bei anderen Gewerbetreibenden und Steuerpflichtigen das Kalenderjahr,
- bei Land- und Forstwirten der Zeitraum vom 1. Juli bis 30. Juni.

Das Wirtschaftsjahr umfasst einen Zeitraum von zwölf Monaten. Es darf aber auch weniger als zwölf Monate umfassen, wenn ein Betrieb eröffnet, erworben, aufgegeben oder veräußert wird oder wenn auf ein anderes Wirtschaftsjahr umgestellt wird. Es handelt sich dann um ein so genanntes Rumpfwirtschaftsjahr. Die Umstellung auf ein vom Kalenderjahr abweichendes Wirtschaftsjahr darf allerdings nur im Einvernehmen mit dem Finanzamt erfolgen (§ 4a EStG, § 8b EStDV).

2.1 Betriebsvermögensvergleich

Diese Gewinnermittlungsart setzt eine Bilanzierung voraus und ist gegenüber der Einnahmenüberschussrechnung detaillierter, aber auch aufwändiger. Der Gewinn wird ermittelt aus der Differenz von Betriebsvermögen am Schluss des Wirtschaftsjahrs und Betriebsvermögen am Schluss des vorangegangenen Wirtschaftsjahrs, vermehrt um den Wert der Entnahmen und vermindert um den Wert der Einlagen (§ 4 Abs. 1 EStG).

	Betriebsvermögen am Schluss des Wirtschaftsjahrs
–	Betriebsvermögen am Schluss des vorangegangenen Wirtschaftsjahrs
+	Entnahmen des Steuerpflichtigen
–	Einlagen des Steuerpflichtigen
=	Gewinn (oder Verlust)

Das Betriebsvermögen – ein Begriff aus dem Steuerrecht – bezeichnet dabei das Eigenkapital einer Unternehmung.
Entnahmen sind alle Wirtschaftsgüter (Barentnahmen, Waren, Erzeugnisse, Nutzungen und Leistungen), die der Steuerpflichtige dem Betrieb für sich, seinen Haushalt oder für andere betriebsfremde Zwecke entnommen hat. Einlagen sind alle Wirtschaftsgüter (Bareinzahlungen und sonstige Wirtschaftsgüter), die der Steuerpflichtige dem Betrieb im Laufe des Wirtschaftsjahrs zugeführt hat.
Wird ein Betrieb eröffnet oder erworben, so tritt bei der Ermittlung des Gewinns an die Stelle des Betriebsvermögens am Schluss des vorangegangenen Wirtschaftsjahrs das Betriebsvermögen im Zeitpunkt der Eröffnung oder des Erwerbs des Betriebs (§ 6 EStDV).

2.2 Einnahmenüberschussrechnung

Steuerpflichtige, die nicht aufgrund gesetzlicher Vorschriften verpflichtet sind, Bücher zu führen und regelmäßig Abschlüsse zu machen, und auch freiwillig keine Bücher führen und keine Abschlüsse machen, können anstelle der Gewinnermittlung durch Betriebsvermögensvergleich den Überschuss der Betriebseinnahmen über die Betriebsausgaben als Gewinn ansetzen (§ 4 Abs. 3 EStG). Veränderungen im Betriebsvermögen werden dabei nicht berücksichtigt.

Betriebseinnahmen
– Betriebsausgaben
= Gewinn (oder Verlust)

Die Ermittlung des zu versteuernden Gewinns durch Einnahmenüberschussrechnung ist somit in der Praxis üblich und zulässig für

- Kleingewerbetreibende, die nicht zur Buchführung verpflichtet sind,
- freiberuflich Tätige,
- Land- und Forstwirte, die nicht buchführungspflichtig sind und deren Gewinn nicht nach Durchschnittssätzen (§ 13a EStG) zu ermitteln ist, auf besonderen Antrag.

Zu den freiberuflichen Tätigkeiten gehören beispielsweise die selbstständige Berufstätigkeit der Ärzte, Rechtsanwälte und Notare, Ingenieure und Architekten, Heilpraktiker und Krankengymnasten sowie selbstständig ausgeübte wissenschaftliche, künstlerische, schriftstellerische, unterrichtende oder erzieherische Tätigkeiten (§ 18 EStG). Ein Angehöriger eines freien Berufs ist auch dann freiberuflich tätig, wenn er Arbeitnehmer beschäftigt.

Betriebseinnahmen sind dem Wirtschaftsjahr zuzuordnen, in dem sie zugeflossen sind. Betriebsausgaben sind in dem Wirtschaftsjahr abzusetzen, in dem sie geleistet worden sind (§ 11 EStG). § 4 Abs. 3 EStG verweist aber auch auf von diesem Zufluss- und Abflussprinzip abweichende Regelungen bei der Anschaffung abnutzbarer und nicht abnutzbarer Wirtschaftsgüter (siehe Kapitel 9).
Die Wahl der Gewinnermittlung durch Einnahmenüberschussrechnung ist recht einfach: Es genügt, wenn der Steuerpflichtige auf die Aufstellung einer Eröffnungsbilanz und auf die Einrichtung einer den jeweiligen Stand des Vermögens darstellenden Buchführung verzichtet und dann eben nur die Betriebseinnahmen und -ausgaben aufzeichnet.
Einzelheiten zu den Betriebseinnahmen und Betriebsausgaben sowie zu den Aufzeichnungspflichten finden Sie in Kapitel 9.

3 Inventur, Inventar und Bilanz als Basis der doppelten Buchführung

3.1 Die Inventur

Jeder Kaufmann hat zu Beginn seines Handelsgewerbes und für den Schluss eines jeden Geschäftsjahrs ein Inventar und eine Bilanz aufzustellen (§§ 240, 242 HGB). Um ein Inventar aufstellen zu können, ist zunächst die Durchführung einer Inventur erforderlich. Sie ist also die erste Grundlage für eine systematische Buchführung.

Eine Inventur ist die vollständige und richtige Bestandsaufnahme aller Vermögensteile und Schulden nach Art, Menge und Wert durch Zählen, Messen, Wiegen zu einem bestimmten Stichtag.

Die bei den Inventuren angefertigten Aufzeichnungen, Listen und Verzeichnisse sind aufbewahrungspflichtig für zehn Jahre.
Eine Inventur muss in jedem Unternehmen sorgfältig vorbereitet werden. In größeren Unternehmen gibt es dazu so genannte Inventurrichtlinien. Zur Inventurvorbereitung – auch im Kleinunternehmen – gehören:

Inventurvorbereitung:

- Benennung eines Inventurleiters, der für die ordnungsgemäße Durchführung der Inventur verantwortlich ist,
- Abgrenzung und Kennzeichnung der einzelnen Aufnahmebereiche, um Erfassungslücken oder Doppelaufnahmen ausschließen zu können,
- Ordnen und Vorsortieren der Bestände nach Art, Menge, Einkaufspreis,
- Aussortieren bereits verkaufter, aber noch nicht ausgelieferter Bestände,
- Kennzeichnen bzw. Aussortieren minderwertiger Bestände,
- Festlegung des Inventurverfahrens und der Inventurtermine,
- Einteilung und Einweisung des Aufnahmepersonals (Zählende, Schreibende), namentlich und nach Lagerstellen,

- Benennung der Kontrolleure, die mittels Stichproben die Richtigkeit des Zählens prüfen,
- Bereitstellung geeigneter Messgeräte, Schreibunterlagen und Schreibgeräte und der zu verwendenden Inventurlisten.

Die Inventur kann mit mehreren Verfahren durchgeführt werden, die im Folgenden erläutert sind.

3.1.1 Stichtagsinventur

Die Stichtagsinventur nach § 240 HGB ist das klassische Inventurverfahren. Die Inventur zur Aufstellung des Inventars wird am Bilanzstichtag durchgeführt. Es genügt aber, die Inventur zeitnah durchzuführen, in der Regel innerhalb einer Frist von zehn Tagen vor oder nach dem Bilanzstichtag (R 30 Abs. 1 EStR 2001). Bestandsveränderungen in dieser Zeit sind anhand von Belegen zu berücksichtigen.

Beispiel:

Bei der Inventur für den Bilanzstichtag 31.12. sind in einem Stoffgeschäft am 27.12. und 28.12. insgesamt 62 Ballen Stoff zu je 20 m (also 1.240 m Stoff einer Warengruppe) vorhanden. Am 30.12. werden 20 weitere Ballen Stoff zu je 20 m geliefert. Diese Bestandsveränderung, die nicht in der Inventurliste vom 27.12./28.12. erfasst ist, ist bei der Aufstellung des Inventars zum 31.12. anhand des Lieferscheins zu berücksichtigen. Im Inventar sind 1.680 m Stoff auszuweisen.

Die Vor- und Nachteile der Stichtagsinventur sind:

+ exakter Bestandsnachweis
+ Verringerung der Fehlerquellen (Erfassungslücken oder doppelte Aufnahme) durch Bestandskontrolle nach einheitlichen Gesichtspunkten zu einem einheitlichen Termin
+ Erleichterung des Fehlersuchens
+ Kontrolle der buchhalterischen Aufzeichnungen zu einem einheitlichen Termin
+ Möglichkeit, an mehreren Stellen gelagerte Gegenstände (Material, Waren, aber auch Ausschussstücke) festzustellen

- Störungen im Produktionsablauf bzw. beim Absatz
- hoher Personalaufwand, evtl. sind Aushilfskräfte erforderlich
- Zeitmangel bei der Aufnahme
- Zeitmangel beim Aufklären von Differenzen
- jahreszeitlich bedingte Behinderungen (z.B. Lagerplatz im Freien)

3.1.2 Zeitverschobene Inventur

Die zeitverschobene Inventur kann ganz oder teilweise an einem Tag innerhalb der letzten drei Monate vor oder der ersten zwei Monate nach dem Bilanzstichtag erfolgen. Der so festgestellte Bestand ist nach Art und Menge in einem besonderen Inventar zu verzeichnen und zu diesem Inventurstichtag zu bewerten (§ 241 Abs. 3 HGB, R 30 Abs. 2 EStR 2001). Man nennt diese Bestandsaufnahme auch vor- oder nachverlagerte Stichtagsinventur.

Beispiel:

In einem Holzbaubetrieb werden Fenster und Türen hergestellt. Bilanzstichtag ist der 31.12. Zum 31.10. werden in einer zeitverschobenen Inventur die Schnittholzbestände festgestellt, zum 15.11. die Bestände an Hilfsstoffen wie Leime, Farben, Lacke, Beschläge. Zu einem weiteren Inventurstichtag zum 30.11. werden schließlich die Fertigbestände an Fenstern und Türen ermittelt.

Zum Bilanzstichtag genügt die Feststellung des Gesamtwerts des Bestands. Auch Bestandsveränderungen zwischen dem Inventurstichtag und dem Bilanzstichtag müssen nicht nach Art und Menge, sondern nur wertmäßig erfasst werden. Dazu ist der Gesamtwert auf den Bilanzstichtag nach den Grundsätzen ordnungsmäßiger Buchführung fortzuschreiben bzw. zurückzurechnen.
Wenn der Inventurstichtag vor dem Bilanzstichtag liegt, kann die Fortschreibung des Warenbestands nach folgender Rechnung vorgenommen werden:

  Wert des Warenbestands am Inventurstichtag
\+ Wareneingang
− Wareneinsatz
= Wert des Warenbestands am Bilanzstichtag

Wenn der Inventurstichtag nach dem Bilanzstichtag liegt, ist analog zu verfahren. Der Wareneinsatz ist dann dem Inventurbestand hinzuzurechnen und der Wareneingang abzusetzen. Dabei kann der Wareneinsatz aus der Differenz von Umsatz und durchschnittlichem Rohgewinn festgestellt werden:

Umsatzerlöse
– durchschnittlicher Rohgewinn
= Wareneinsatz

Der durchschnittliche Rohgewinn kann zunächst aus der Preiskalkulation ermittelt werden. Sind beispielsweise die Warenverkaufspreise mit einem Kalkulationszuschlag von 25% aus den Wareneinkaufspreisen festgelegt, so beträgt der Wareneinkaufspreis 80% des Warenverkaufspreises und der durchschnittliche Rohgewinn 20%.

Beispiel:

Wert des Fertigbestands (Fenster, Türen) am Inventurstichtag 30.11.	100.000 €
+ Wert der vom 1.12. bis 31.12. fertig gestellten Fenster und Türen	20.000 €
– Wareneinsatz vom 1.12. bis 31.12.:	
Umsatzerlöse = 60.000 €	
– durchschnittlicher Rohgewinn 20% = 12.000 €	48.000 €
= Wert des Fertigbestands (Fenster, Türen) am Bilanzstichtag 31.12.	72.000 €

Die zeitverschobene Inventur ist jedoch nicht zulässig, wenn steuerliche Vergünstigungen in Anspruch genommen werden sollen, für die es auf die Zusammensetzung der Bestände am Bilanzstichtag ankommt. Das ist z.B. bei einer Bewertung der Bestände nach dem Lifo-Verbrauchsfolgeverfahren (§ 6 Abs. 1 Nr. 2 a EStG) der Fall. Eine zeitverschobene Inventur ist auch nicht zulässig für Bestände, bei denen z.B. durch Schwund, Verderb oder Zerbrechlichkeit größere, unkontrollierbare Abgänge eintreten, oder für Wirtschaftgüter, die im Verhältnis zum jeweiligen Betrieb besonders wertvoll sind (R 30 Abs. 3 EStR 2001). Die Vor- und Nachteile der zeitverschobenen Inventur sind:

+ Inventurarbeiten konzentrieren sich nicht zum Ende eines Geschäftsjahrs
– Anwendung bei möglichem Schwund, Verderb oder Zerbrechlichkeit und bei besonders wertvollen Wirtschaftgütern ausgeschlossen

– Anwendung bei Inanspruchnahme steuerlicher Vergünstigungen bei der Bewertung der Bestände nicht zulässig

3.1.3 Permanente Inventur

Bei der permanenten Inventur kann der Inventurstichtag im Verhältnis zum Bilanzstichtag frei und ohne zeitliche Einschränkung gewählt werden. Für den Schluss eines Geschäftsjahrs ist keine körperliche Bestandsaufnahme der Vermögensgegenstände erforderlich, wenn durch ein anderes Verfahren gesichert ist, dass der Bestand der Vermögensgegenstände nach Art, Menge und Wert auch ohne körperliche Bestandsaufnahme für diesen Zeitpunkt festgestellt werden kann (§ 241 Abs. 2 HGB). Die Angaben über den Bestand zum Bilanzstichtag können Lagerbüchern oder einer Lagerkartei entnommen werden, wenn nach H 30 (Permanente Inventur) EStH 2002 folgende Voraussetzungen erfüllt sind:

- Alle Bestände, Zugänge und Abgänge müssen einzeln nach Tag, Art und Menge erfasst und belegmäßig nachgewiesen werden.
- In jedem Wirtschaftsjahr muss mindestens einmal durch körperliche Bestandsaufnahme geprüft werden, ob das in den Büchern ausgewiesene Vorratsvermögen mit den tatsächlich vorhandenen Beständen übereinstimmt. Die Prüfung braucht allerdings nicht gleichzeitig für alle Bestände vorgenommen zu werden.
- Der Tag der körperlichen Bestandsaufnahme ist in den Lagerbüchern oder Lagerkarteien zu vermerken. Buchbestände sind bei Abweichungen nach dem Ergebnis der Prüfung zu berichtigen.
- Über den festgestellten Bestand sind besondere Aufzeichnungen anzufertigen, in denen auch der Zeitpunkt der Aufnahme angegeben wird und die von den aufnehmenden Personen zu unterzeichnen sind. Die Aufzeichnungen sind wie Handelsbücher zehn Jahre aufzubewahren.

In vielen Unternehmen ist es üblich, zweimal jährlich eine körperliche Bestandsaufnahme durchzuführen. Diese Aufgabe kann beispielsweise durch eine besondere Abteilung erledigt werden, die direkt der Geschäftsleitung unterstellt ist. Wichtig ist, dass die Reihenfolge der durchzuführenden Bestandsaufnahmen nur einem kleinen Personenkreis bekannt ist. Dadurch können Handlungen, die das Kontrollergebnis beeinflussen, weitgehend ausgeschlossen werden.
Auch die permanente Inventur ist für Bestände, bei denen z.B. durch Schwund, Verderb oder Zerbrechlichkeit unkontrollierbare Abgänge eintreten, sowie für besonders wertvolle Wirtschaftsgüter nicht zulässig (R 30 Abs. 3 EStR 2001).

Beispiel:

Ein Autohaus verkauft Neu- und Gebrauchtwagen und übernimmt in einer eigenen Werkstatt die Wartungs- und Instandhaltungsarbeiten. Der Bestand an Reparaturzubehör und Einzelteilen kann durch eine permanente Inventur ermittelt werden. Der Neu- und Gebrauchtwagenbestand ist jedoch durch eine Stichtagsinventur festzustellen.

Die Vor- und Nachteile der permanenten Inventur sind:
+ Einsatz geschulter und erfahrener Inventurmitarbeiter möglich
+ Inventur kann mit Aufgaben zur Organisations- und Absatzkontrolle verbunden werden
+ Aufklären von Differenzen zeitlich möglich
+ Bestehen einer ständigen Abschlussbereitschaft

– unvorhersehbare Störungen bei Bestandsaufnahme im Fertigungsbereich
– Abwandlung der Aufnahmeverfahren im Laufe der Zeit trotz genauer Anweisungen
– Anwendung bei möglichem Schwund, Verderb oder Zerbrechlichkeit oder bei besonders wertvollen Wirtschaftsgütern ausgeschlossen

Softwareprogramme zur Warenwirtschaft ermöglichen nicht nur eine rechnergestützte Lagerorganisation, sondern erleichtern durch den Einsatz von Erfassungsgeräten beim Warenein- und -ausgang und durch zahlreiche Auswertungsmöglichkeiten die zu erfüllenden Aufgaben bei einer permanenten Inventur.

3.1.4 Stichprobeninventur

Die Ermittlung des Bestands der Vermögensgegenstände nach Art, Menge und Wert kann auch mithilfe anerkannter mathematisch-statistischer Methoden aufgrund von Stichproben ermittelt werden (§ 241 Abs. 1 HGB). Der Aussagewert des auf diese Weise ermittelten Inventars muss dem Aussagewert einer körperlichen Bestandsaufnahme entsprechen.
Voraussetzung für dieses Inventurverfahren ist eine sehr genaue Bestandsverwaltung. Die Stichprobe muss einen bestimmten Umfang, etwa 2% bis 5% des zu untersuchenden Bestands haben. Der auszuwählende Umfang ist abhängig von der Anzahl der Gegenstände im Gesamtbestand, von der Streuung der Einzelwerte um den Durchschnittswert des Gesamtbestands, vom zulässigen Stichprobenfehler und

von der angenommenen Wahrscheinlichkeit, ein der vollständigen Bestandsaufnahme gleichwertiges Ergebnis zu erzielen. In den meisten Fällen wird hier ein Stichprobenfehler von 1% zugelassen und mit einer angenommenen Wahrscheinlichkeit von 95% gerechnet. Die Stichprobenauswahl selbst erfolgt nach einer Zufallsrechnung. Der Gesamtbestand wird aus dem Ergebnis der Stichprobeninventur durch Hochrechnung ermittelt.

! Erfahrungsgemäß bilden 80% der Gegenstände des Vorratsvermögens nur 20% seines Wertes. Für diesen Teil des Vorratsvermögens ist eine Stichprobeninventur besonders geeignet, da die Streuung um den Durchschnittswert geringer ausfällt.

Die Vor- und Nachteile der Stichprobeninventur sind:
+ erhebliche Zeiteinsparungen bei der Aufnahme möglich
+ weniger Inventurmitarbeiter erforderlich
– korrekte, genaue Bestandsverwaltung erforderlich

3.1.5 Inventurerleichterungen

Die gesetzlichen Regelungen ermöglichen auch Inventurerleichterungen. Die zeitverschobene Inventur und die permanente Inventur sind hinsichtlich des Zeitpunkts der Inventur eine Erleichterung. Die Stichprobeninventur stellt eine Erleichterung hinsichtlich der Aufnahme des Bestands dar.
Grundsätzlich sind die Vermögensgegenstände und Schulden einzeln zu erfassen und zu bewerten. Auch hier gibt es gesetzlich geregelte Inventurerleichterungen. Weitere zulässige Aufnahmeerleichterungen bei Inventur und Bewertung sind die Festwertbildung (§ 240 Abs. 3 HGB) und die Gruppenbewertung (§ 240 Abs. 4 HGB).

Festwertbildung:
Gegenstände des Anlagevermögens sowie Roh-, Hilfs- und Betriebsstoffe,
- die regelmäßig ersetzt werden,
- deren Bestand nach Größe, Wert und Zusammensetzung nur geringen Veränderungen unterliegt, und
- deren Gesamtwert für das Unternehmen von nachrangiger Bedeutung ist,

können mit einer gleich bleibenden Menge und mit einem gleich bleibenden Wert angesetzt werden.

Eine körperliche Bestandsaufnahme ist dann an jedem dritten, spätestens aber an jedem fünften Bilanzstichtag erforderlich. Wird an diesem Bilanzstichtag ein Wert ermittelt, der den bisherigen Festwert um mehr als 10% übersteigt, ist der ermittelte Wert als neuer Festwert gültig (R 31 Abs. 4 EStR 2001).

Beispiele für die Festwertbildung:
- Tisch- und Bettwäsche im Gaststätten- und Hotelgewerbe
- maschinengebundene Werkzeuge
- Laborglasgeräte
- Gerüstnormteile im Baugewerbe

Gruppenbewertung mit gewogenem Durchschnittswert:
Gleichartige Vermögensgegenstände des Vorratsvermögens sowie gleichartige oder annähernd gleichwertige bewegliche Vermögensgegenstände und Schulden können jeweils zu einer Gruppe zusammengefasst und mit einem gewogenen Durchschnitt angesetzt werden. Gleichartige Wirtschaftsgüter brauchen für die Zusammenfassung zu einer Gruppe nicht gleichwertig zu sein (R 36 Abs. 4 EStR 2001). Es muss jedoch für sie ein Durchschnittswert bekannt sein.

Beispiele für die Anwendung der Gruppenbewertung:
- Schnittholz verschiedener Abmessungen
- Furnierhölzer
- Handstrickgarne und -wolle

Diese Gruppenbewertung darf nicht mit der Durchschnittsbewertung verwechselt werden. Die Durchschnittsbewertung ist ein Schätzwert zur Einzelbewertung von Wirtschaftsgütern, deren Einstandspreis aufgrund von Schwankungen nicht mehr einwandfrei feststellbar ist. Dazu gehören beispielsweise:
- feste und flüssige Brennstoffe wie Kohle, Koks, Heizöl
- Kraftstoffe, Öle, Fette, Säuren
- Baustoffe wie Kies, Sand, Gips, Zement

3.1.6 Beispiele zur Inventur von anderen Vermögensgegenständen und Schulden

Der Kassenbestand ist durch Nachzählen des vorhandenen Geldes festzustellen und mit dem Kassenbuch und dem Sachkonto Kasse abzustimmen.
Vorhandene Schecks und Wechsel sind körperlich aufzuzeichnen und in einer Bestandsliste zu erfassen.
Auch für Grundstücke und Gebäude erfolgt die gesetzliche Verpflichtung zur Inventarisierung mittels Anlagenkartei, Grundbuchauszügen und Kaufunterlagen.

Bei den nicht körperlichen Gegenständen ist die Inventur anhand von Belegen und Urkunden durchzuführen. Es handelt sich dabei um eine so genannte buchmäßige Inventur. Für immaterielle Vermögensgegenstände, dazu gehören Patente und Lizenzen, kann keine körperliche Bestandsaufnahme durchgeführt werden. Der Nachweis erfolgt hier in einem besonderen Bestandsverzeichnis.
Für Forderungen gegenüber Kunden und Verbindlichkeiten gegenüber Lieferanten sind getrennte Aufzeichnungen zu führen. Sie sind durch eine Saldenliste nachzuweisen.
Bei Bankguthaben erfolgt der Nachweis durch die entsprechenden Bankauszüge. Darlehensschulden können nur durch den Darlehensvertrag und die dazugehörigen Bankauszüge nachgewiesen werden. Wertpapiere müssen durch eine Bestätigung der verwahrenden Stelle nachgewiesen werden. In der Regel genügt der Depotauszug.

3.2 Das Inventar

Im Ergebnis der Bestandsaufnahme und Bewertung durch die Inventur können nun zu einem Stichtag alle Vermögens- und Schuldenposten und das sich aus der Differenz von Vermögen und Schulden ergebende Reinvermögen in einem ausführlichen Verzeichnis geordnet werden. Diese geordnete Darstellung ist das Inventar. Der Begriff Inventar im Sinne des Handelsrechts umfasst also weit mehr als der allgemein übliche Ausdruck Inventar für Einrichtungsgegenstände aller Art.

Das Inventar wird in drei Teile gegliedert:
A: Vermögen
B: Schulden
C: Reinvermögen

Das Vermögen wird in Anlage- und Umlaufvermögen unterteilt. Das Anlagevermögen ist dazu bestimmt, dem Geschäftsbetrieb dauernd bzw. auf längere Zeit zu dienen (z.B. Grundstücke, Gebäude, Maschinen, betriebliche Fahrzeuge, Betriebs- und Geschäftsausstattung). Beim Umlaufvermögen findet durch den Produktionsprozess bzw. durch den Warenverkaufsprozess ein ständiger Verbrauch statt. Dazu gehören Bestände an Roh-, Hilfs- und Betriebsstoffen, unfertige Erzeugnisse und Waren, Forderungen, Bankguthaben, Kassenbestand. Das Vermögen wird nach zunehmender Liquidität geordnet, d.h. nach der Eigenschaft, sich in Zahlungsmittel umwandeln zu lassen.
Die Schulden werden in langfristige und kurzfristige Schulden unterteilt und nach

zunehmender Fälligkeit geordnet. Zuerst werden die langfristigen, dann die kurzfristigen Schulden aufgeführt. Zu den langfristigen Schulden gehören Hypotheken und Darlehensschulden, kurzfristige Schulden sind beispielsweise Verbindlichkeiten aus Lieferungen und Leistungen.
Das Reinvermögen wird aus der Differenz von Vermögen und Schulden gebildet. Es gibt an, welchen Betrag der Unternehmer selbst im Unternehmen eingesetzt hat, sein Eigenkapital.
Damit das aufzustellende Inventar nicht zu umfangreich wird, ist es üblich, für die einzelnen Vermögens- oder Schuldenposten gesonderte Listen anzufertigen und im Inventar nur deren Gesamtsumme aufzuführen. Die gesonderten Listen werden damit Bestandteile des Inventars.

Beispiel:

Susanne Schneider beabsichtigt, ein kleines Ladengeschäft für Stoffe und Kurzwaren zu eröffnen. Die ABC-Bank gewährte ihr ein langfristiges Darlehen von 10.000,00 €. Davon und von ihrem eigenen Sparguthaben bezahlt sie folgende Anschaffungen: einen Verkaufstisch „Klassik" für 2.200,00 €, ein sechsteiliges Verkaufsregal „Premium R6" zu 2.490,00 €, einen Klappenschrank „System s24" zu 890,00 €, eine Nähmaschine „Vario Zick-Zack" zu 1.090,00 €, einen Näh- und Zuschneidetisch „123-exklusiv" zu 600,00 €, als geringwertige Wirtschaftsgüter verschiedene Scheren zu 150,00 € und einen Drehstuhl zu 180,00 €, eine elektronische Registrierkasse „Reka 110" zu 110,00 €, zum Verkauf ein Kurzwarensortiment zu 6.000,00 € und verschiedene Stoffe zu 3.400,00 €. Für eine weitere Stofflieferung schuldet sie dem Lieferanten 1.100,00 €. Sie eröffnet mit 2.000,00 € ein Geschäftskonto bei der Bank und hat zur Eröffnung ihres Ladengeschäfts „Nadel und Faden" am 1. September 350,00 € Bargeld in der Kasse.

> **!** Mit der Eröffnung des Fachgeschäfts „Nadel und Faden" ist Susanne Schneider Kleingewerbetreibende. Nach dem Handelsrecht ist sie nicht buchführungspflichtig. Auch steuerlich besteht für sie nach § 141 AO keine Buchführungspflicht. Ihren Gewinn muss sie entweder durch einen Betriebsvermögensvergleich oder durch eine Einnahmenüberschussrechnung ermitteln (§ 4 EStG). Für eine solche Einnahmenüberschussrechnung ist kein Inventar aufzustellen. Welche Aufzeichnungspflichten für die Einnahmenüberschussrechnung gelten, wird ausführlich in Kapitel 9 (siehe S. 125) erläutert.

Susanne Schneider entschließt sich aber freiwillig zur Einrichtung einer Buchführung. Damit ist sie verpflichtet, den Gewinn durch den Betriebsvermögensvergleich zu ermitteln. Zum Zeitpunkt der Eröffnung muss sie ein Inventar aufstellen. Anhand der nun in den folgenden Kapiteln dargestellten Beispiele für das Fachgeschäft „Nadel und Faden“ werden Sie alle wichtigen Merkmale der Buchführung kennen lernen.

Inventar des Fachgeschäfts „Nadel und Faden“ Susanne Schneider zum 1. September 20…:

A Vermögen		
I. Anlagevermögen		
Betriebs- und Geschäftsausstattung		
Verkaufstisch „Klassik“		2.200,00 €
Verkaufsregal „Premium R6“		2.490,00 €
Klappenschrank „System s24“		890,00 €
Nähmaschine „Vario Zick-Zack“		1.090,00 €
Näh- und Zuschneidetisch „123-exklusiv“		600,00 €
Geringwertige Wirtschaftsgüter (bis 410,00 €)		
▪ Scheren	150,00 €	
▪ Elektronische Registrierkasse „Reka 110“	110,00 €	
▪ Drehstuhl	180,00 €	440,00 €
II. Umlaufvermögen		
1. Warenbestände		
Stoffe lt. Auflistung		4.500,00 €
Kurzwaren lt. Auflistung		6.000,00 €
2. Bankguthaben		2.000,00 €
3. Kassenbestand		350,00 €
Summe des Vermögens		20.560,00 €
B. Schulden		
I. Langfristige Schulden gegenüber Kreditinstituten		
ABC-Bank		10.000,00 €
II. Kurzfristige Verbindlichkeiten		
Lieferantenverbindlichkeit		1.100,00 €
Summe der Schulden		11.100,00 €
C. Reinvermögen		
Summe des Vermögens		20.560,00 €
Summe der Schulden		11.100,00 €
Reinvermögen (Eigenkapital)		9.460,00 €

Diese Aufstellung zeigt, dass Susanne Schneider zur Einrichtung ihres Ladengeschäfts von ihren eigenen finanziellen Mitteln Eigenkapital in Höhe von 9.460 € eingesetzt hat.

3.3 Die Bilanz und ihre Gliederung

Das Inventar ist eine ausführliche, listenförmige Darstellung der einzelnen Vermögens- und Schuldenposten nach Art, Menge und Wert. Diese Staffelform ist nicht sehr übersichtlich. Das Inventar bildet jedoch die Grundlage für die Erstellung der Bilanz. Die Bilanz ist dann in Kontoform aufzustellen (§ 266 HGB). Sie ist eine kurz gefasste Gegenüberstellung von Vermögen (Aktiva) und Schulden (Passiva). Die linke Seite der Bilanz ist die Aktivseite, die rechte Seite die Passivseite. In der Bilanz sind das Anlage- und das Umlaufvermögen, das Eigenkapital und die Schulden gesondert auszuweisen und hinreichend aufzugliedern (§ 247 HGB). Aus der Bilanz kann man deshalb leicht erkennen, wo die finanziellen Mittel im Einzelnen investiert worden sind und ob sie aus dem Eigenkapital oder aus bestehenden Verbindlichkeiten stammen.
Sowohl das Inventar als auch die Bilanz zeigen den Stand des Vermögens und der Schulden zu einem bestimmten Stichtag. Sie unterscheiden sich aber in der Art der Darstellung:

Inventar	Bilanz
Ausführliche Darstellung der einzelnen Vermögens- und Schuldenposten mit Angabe der Mengen, der Einzelwerte und Gesamtwerte;	Kurze, zusammengefasste Gegenüberstellung des Vermögens und des Kapitals (Eigenkapital und Schulden) mit Angabe der Gesamtwerte in Bilanzpositionen;
Darstellung des Vermögens, der Schulden und des Eigenkapitals untereinander in Staffelform	Darstellung des Vermögens und des Kapitals (Eigenkapital und Schulden) nebeneinander in Kontoform

Beispiel:

Die Eröffnungsbilanz für das Fachgeschäft „Nadel und Faden“ kann nun aufgrund des Inventars aufgestellt werden:

Aktiva	Eröffnungsbilanz zum 1. 9. 20...		Passiva
Anlagevermögen		Eigenkapital	9.460,00 €
Betriebs- und		Fremdkapital	
Geschäftsausstattung	7.710,00 €	Darlehen	10.000,00 €
Umlaufvermögen		Lieferanten-	
Waren	10.500,00 €	verbindlichkeiten	1.100,00 €
Bankguthaben	2.000,00 €		
Kasse	350,00 €		
Summe Aktiva	20.560,00 €	Summe Passiva	20.560,00 €

Die Bilanz ist vom Unternehmer unter Angabe von Ort und Datum zu unterzeichnen (§ 245 HGB).

Für Kapitalgesellschaften bestehen bestimmte Gliederungsvorschriften für die Bilanz. Große und mittelgroße Kapitalgesellschaften müssen die nachfolgend bezeichneten Posten gesondert und in der vorgegebenen Reihenfolge ausweisen. Für kleinere Kapitalgesellschaften genügt eine verkürzte Bilanz, in der nur die mit Buchstaben und römischen Zahlen bezeichneten Posten aufgenommen werden (§ 266 HGB).

Aktiva	Passiva
A. Anlagevermögen	A. Eigenkapital
I. Immaterielle Vermögensgegenstände	I. Gezeichnetes Kapital
1. Konzessionen, gewerbliche Schutzrechte und ähnliche Rechte und Werte sowie Lizenzen an solchen Rechten und Werten	II. Kapitalrücklage
2. Geschäfts- oder Firmenwert	III. Gewinnrücklagen
3. geleistete Anzahlungen	1. gesetzliche Rücklage
II. Sachanlagen	2. Rücklage für eigene Anteile
1. Grundstücke, grundstücksgleiche Rechte und Bauten einschließlich der Bauten auf fremden Grundstücken	3. satzungsmäßige Rücklagen
2. technische Anlagen und Maschinen	4. andere Gewinnrücklagen
3. andere Anlagen, Betriebs- und Geschäftsausstattung	IV. Gewinnvortrag/Verlustvortrag
4. geleistete Anzahlungen und Anlagen im Bau	V. Jahresüberschuss/Jahresfehlbetrag
III. Finanzanlagen	B. Rückstellungen
1. Anteile an verbundenen Unternehmen	1. Rückstellungen für Pensionen und ähnliche Verpflichtungen
2. Ausleihungen an verbundene Unternehmen	2. Steuerrückstellungen
3. Beteiligungen	3. sonstige Rückstellungen
4. Ausleihungen an Unternehmen, mit denen ein Beteiligungsverhältnis besteht	C. Verbindlichkeiten
5. Wertpapiere des Anlagevermögens	1. Anleihen, davon konvertibel
6. sonstige Ausleihungen	2. Verbindlichkeiten gegenüber Kreditinstituten
B. Umlaufvermögen	3. erhaltene Anzahlungen auf Bestellungen
I. Vorräte	4. Verbindlichkeiten aus Lieferungen und Leistungen
1. Roh-, Hilfs- und Betriebsstoffe	5. Verbindlichkeiten aus der Annahme gezogener Wechsel oder der Ausstellung eigener Wechsel
2. unfertige Erzeugnisse, unfertige Leistungen	6. Verbindlichkeiten gegenüber verbundenen Unternehmen
3. fertige Erzeugnisse und Waren	7. Verbindlichkeiten gegenüber Unternehmen, mit denen ein Beteiligungsverhältnis besteht
4. geleistete Anzahlungen	8. sonstige Verbindlichkeiten davon aus Steuern davon im Rahmen der sozialen Sicherheit
II. Forderungen und sonstige Vermögensgegenstände	D. Rechnungsabgrenzungsposten
1. Forderungen aus Lieferungen und Leistungen	
2. Forderungen gegen verbundene Unternehmen	
3. Forderungen gegen Unternehmen, mit denen ein Beteiligungsverhältnis besteht	
4. sonstige Vermögensgegenstände	
III. Wertpapiere	
1. Anteile an verbundenen Unternehmen	
2. eigene Anteile	
3. sonstige Wertpapiere	
IV. Kassenbestand, Bundesbankguthaben, Guthaben bei Kreditinstituten und Schecks	
C. Rechnungsabgrenzungsposten	

3.4 Übungen

	Ja	Nein
Inventur ist die körperliche Bestandsaufnahme aller Vermögensteile und Schulden eines Unternehmens nach Art, Menge und Wert durch Zählen, Messen, Wiegen zu einem bestimmten Stichtag.	☐	☐
Die zeitverschobene Inventur ist innerhalb von zehn Tagen vor oder nach dem Bilanzstichtag durchzuführen.	☐	☐
Alle Warenbestände eines Großhandelsmarktes für Obst und Gemüse können in einer zeitverschobenen Inventur erfasst werden.	☐	☐
Für besonders wertvolle Wirtschaftsgüter darf keine permanente Inventur erfolgen.	☐	☐
Das Inventar ist ein ausführliches Verzeichnis, in dem nur die Gegenstände des Anlagevermögens zu erfassen sind.	☐	☐
Für die Bilanz ist die Kontoform gesetzlich vorgeschrieben.	☐	☐
Zum Anlagevermögen gehören beispielweise		
a) Maschinen, Warenbestände, Bundesbankguthaben	☐	☐
b) Rohstoffe und Werkzeuge	☐	☐
c) Geschäftsausstattung, Maschinen, Firmenfahrzeug	☐	☐

4 Die doppelte Buchführung auf Bestands-, Erfolgs- und Privatkonten

4.1 Bilanzveränderungen und Buchungen auf Bestandskonten

4.1.1 Bilanzveränderungen

Die Bilanz spiegelt, wie im letzten Kapitel gezeigt, das Vermögen und die Schulden eines Unternehmens zum Bilanzstichtag, also zu einem ganz bestimmten Zeitpunkt, wider. Jeder Geschäftsvorfall verändert die Bilanz. Dabei ergeben sich folgende Fragen:

- Welche Bilanzposten werden durch den Geschäftsvorfall verändert?
- Stehen diese Bilanzposten auf der Aktivseite oder auf der Passivseite der Bilanz?
- Werden die Bilanzposten durch den Geschäftsvorfall vergrößert oder verkleinert?
- Bleibt die Bilanzgleichung, d.h. das Gleichgewicht beider Bilanzseiten, erhalten?

Es gibt vier Möglichkeiten, die Bilanz zu verändern. Die nachfolgenden Beispiele sollen das verdeutlichen.

Aktivtausch
Susanne Schneider verkauft an einen Kunden Stoff zum Preis von 40,00 €. Der Kunde zahlt bar:

Kasse	+ 40,00 €
Waren	– 40,00 €

Ausgehend von der Eröffnungsbilanz (siehe S. 37) ergibt sich folgende geänderte Bilanz:

Aktiva			Passiva
Anlagevermögen		Eigenkapital	9.460,00 €
Betriebs- und Geschäftsausstattung	7.710,00 €	Fremdkapital	
Umlaufvermögen		Darlehen	10.000,00 €
Waren	**10.460,00 €**	Lieferantenverbindlichkeiten	1.100,00 €
Bankguthaben	2.000,00 €		
Kasse	**390,00 €**		
Summe Aktiva	20.560,00 €	Summe Passiva	20.560,00 €

Ein Posten der Aktivseite nimmt zu, ein anderer Posten der Aktivseite nimmt um den gleichen Wert ab. Der Geschäftsvorfall betrifft nur die Aktivseite. Die Bilanzsumme ändert sich nicht.

Passivtausch
Der Lieferant ist einverstanden, dass Susanne Schneider von der bestehenden Verbindlichkeit 1.000,00 € in ein Darlehen umwandelt:

Darlehen	+ 1.000,00 €
Lieferanten-verbindlichkeiten	– 1.000,00 €

Damit ändert sich wieder die Bilanz:

Aktiva			Passiva
Anlagevermögen		Eigenkapital	9.460,00 €
Betriebs- und Geschäftsausstattung	7.710,00 €	Fremdkapital	
Umlaufvermögen		Darlehen	**11.000,00 €**
Waren	10.460,00 €	Lieferanten-verbindlichkeiten	**100,00 €**
Bankguthaben	2.000,00 €		
Kasse	390,00 €		
Summe Aktiva	20.560,00 €	Summe Passiva	20.560,00 €

Ein Posten der Passivseite nimmt zu, ein anderer Posten der Passivseite nimmt um den gleichen Wert ab. Der Geschäftsvorfall betrifft nur die Passivseite. Die Bilanzsumme ändert sich nicht.

Aktiv-Passiv-Mehrung
Susanne Schneider kauft ein weiteres Stoffsortiment im Wert von 350,00 €. Der Rechnungsbetrag ist später zu überweisen:

Waren	+ 350,00 €
Lieferanten-verbindlichkeiten	+ 350,00 €

Die Bilanz ändert sich dann wie folgt:

Aktiva			Passiva
Anlagevermögen		Eigenkapital	9.460,00 €
Betriebs- und Geschäftsausstattung	7.710,00 €	Fremdkapital	
Umlaufvermögen		Darlehen	11.000,00 €
Waren	**10.810,00 €**	Lieferantenverbindlichkeiten	**450,00 €**
Bankguthaben	2.000,00 €		
Kasse	390,00 €		
Summe Aktiva	20.910,00 €	Summe Passiva	20.910,00 €

Ein Posten der Aktivseite nimmt um den gleichen Wert zu wie ein Posten der Passivseite. Der Geschäftsvorfall betrifft Aktiv- und Passivseite. Die Bilanzsumme erhöht sich auf der Aktiv- und auf der Passivseite um den gleichen Betrag.

Passiv-Aktiv-Minderung
Susanne Schneider begleicht den Rechnungsbetrag in Höhe von 350,00 € durch Überweisung:

Bank	– 350,00 €
Lieferantenverbindlichkeiten	– 350,00 €

Auch hier ändert sich die Bilanz:

Aktiva			Passiva
Anlagevermögen		Eigenkapital	9.460,00 €
Betriebs- und Geschäftsausstattung	7.710,00 €	Fremdkapital	
Umlaufvermögen		Darlehen	11.000,00 €
Waren	10.810,00 €	Lieferantenverbindlichkeiten	**100,00 €**
Bankguthaben	1.650,00 €		
Kasse	390,00 €		
Summe Aktiva	20.560,00 €	Summe Passiva	20.560,00 €

Ein Posten der Aktivseite nimmt um den gleichen Wert ab wie ein Posten der Passivseite. Der Geschäftsvorfall betrifft Aktiv- und Passivseite. Die Bilanzsumme vermindert sich auf der Aktiv- und auf der Passivseite um den gleichen Betrag.
Bei diesen vier Möglichkeiten der Bilanzveränderung bleibt die folgende Bilanzgleichung erhalten. Es ändert sich nur der zahlenmäßige Inhalt der Bilanz.

Summe Aktiva = Summe Passiva

4.1.2 Auflösen der Bilanz in Bestandskonten

Die Bilanz zeigt die Vermögens- und Schuldenbestände eines Unternehmens zum Bilanzstichtag. Sie wird deshalb auch Bestandsrechnung genannt. Durch jeden Geschäftsvorfall ändert sich die Zusammensetzung der Bilanz, sie müsste laufend berichtigt werden. Eine übersichtliche Aufzeichnung der Geschäftsvorfälle ist in dieser Form nicht möglich. Deshalb wird für jeden Bilanzposten die Veränderung aufgrund von Geschäftsvorfällen in einem gesonderten Konto dargestellt. Das italienische Wort „conto“ bedeutet Rechnung. Da auf diesen aus der Bilanz abgeleiteten Konten reine Bestände erfasst werden, nennt man sie Bestandskonten. Für jeden Aktivposten und für jeden Passivposten der Bilanz wird ein eigenes Konto angelegt. Die aus der Aktivseite der Bilanz abgeleiteten Konten heißen aktive Bestandskonten oder Aktivkonten. Für die Positionen aus der Passivseite werden passive Bestandskonten bzw. Passivkonten eingerichtet. Die linke Seite eines Kontos wird mit Soll, die rechte mit Haben bezeichnet und mit den Abkürzungen S und H dargestellt. Die Verwendung der Begriffe Soll und Haben für die Buchführung ist historisch bedingt. Bei der Aufzeichnung der Kreditgeschäfte führten Forderungen zu Lastschriften, Verbindlichkeiten zu Gutschriften. Die Kontenseiten wurden mit „Soll Geben“ bzw. mit „Soll Haben“ überschrieben. Später entwickelte sich daraus Soll und Haben.

> **!** Verwenden Sie die Bezeichnungen Soll und Haben einfach als übliche Buchhaltungsbegriffe zur Bezeichnung der Kontenseiten und versuchen Sie nicht, „Haben“ mit „Besitzen“ gleichzusetzen.

In jedes Bestandskonto wird der Anfangsbestand aus der Eröffnungsbilanz übernommen. Die Anfangsbestände werden auf der Seite des Kontos eingetragen, auf der sie auch in der Bilanz standen. Man nennt diesen Vorgang auch Saldenvortrag. In der Praxis erfolgt der Saldenvortrag zunächst nur für Finanzkonten wie Bank, Kasse, Forderungen und Verbindlichkeiten, die man zur Abstimmung der laufenden Buchungen benötigt. Für die Übernahme aller Bestände ist die Aufstellung der Bilanz für das abgeschlossene Geschäftsjahr erforderlich.
Während des Geschäftsjahrs werden auf diesen Konten die Zugänge und Abgänge aufgezeichnet. Zugänge werden auf der gleichen Kontenseite erfasst wie die Anfangsbestände, sie erhöhen den Bestand. Abgänge verringern den Bestand und werden deshalb auf der jeweils anderen Kontenseite erfasst. Am Ende des Geschäftsjahrs ist es dann möglich, in den Konten durch eine Gegenüberstellung von Anfangsbestand und Zugängen einerseits und Abgängen andererseits den neuen Endbestand zu ermitteln.

Beispiel:

Die Geschäftsvorfälle, die zu Änderungen in der Bilanz des Fachgeschäfts „Nadel und Faden“ führten, werden nun noch einmal auf den Bestandskonten Waren, Bank, Kasse, Darlehen und Lieferantenverbindlichkeiten dargestellt.

1) Susanne Schneider verkauft an einen Kunden Stoff zum Preis von 40,00 €. Der Kunde zahlt bar.
2) Der Lieferant ist einverstanden, dass Susanne Schneider von der bestehenden Verbindlichkeit 1.000,00 € in ein Darlehen umwandelt.
3) Susanne Schneider kauft ein weiteres Stoffsortiment im Wert von 350,00 €. Der Rechnungsbetrag ist später zu überweisen.
4) Susanne Schneider begleicht den Rechnungsbetrag in Höhe von 350,00 € durch Überweisung.

S	Waren		H
AB	10.500,00 €	1)	40,00 €
3)	350,00 €		

S	Darlehen		H
		AB	10.000,00 €
		2)	1.000,00 €

S	Bank		H
AB	2.000,00 €	4)	350,00 €

S	Lieferantenverbindlichkeit		H
2)	1.000,00 €	AB	1.100,00 €
4)	350,00 €	3)	350,00 €

S	Kasse		H
AB	350,00 €		
1)	40,00 €		

Mit der Darstellung der vier Geschäftsvorfälle auf den Bestandskonten haben Sie bereits die ersten Buchungen kennen gelernt. Nach dem Grundsatz der doppelten Buchführung werden alle Geschäftsvorfälle auf jeweils zwei Konten dargestellt, sowohl durch eine Buchung im Soll als auch durch eine Buchung im Haben. Zum besseren Verständnis werden die Buchungen auf dem Aktivkonto Bank noch einmal erläutert:

In der Buchhaltung für das Fachgeschäft „Nadel und Faden“ weist das Konto Bank einen Anfangsbestand im Soll in Höhe von 2.000,00 € auf. Im Geschäftsvorfall 4 begleicht Susanne Schneider den Rechnungsbetrag in Höhe von 350,00 € durch Überweisung. Diesen Abgang bucht sie im Haben. Susanne Schneider ist aber etwas verunsichert, als sie ihren Kontoauszug von der Bank erhält. Auf dem Kontoauszug der Bank ist der alte Kontostand mit 2.000,00 € im Haben ausgewiesen, der überwiesene Betrag in Höhe von 350,00 € steht im Soll. Hat sie in ihrer eigenen Buchführung einen Fehler gemacht? Nein! Auch für die Bank gelten die gleichen Buchführungsregeln. Die ABC-Bank hatte gegenüber ihrer Geschäftskundin Susanne Schneider als Inhaberin von „Nadel und Faden" zunächst eine Verbindlichkeit in Höhe von 2.000,00 €. Diese Verbindlichkeit wurde durch einen Abgang um 350,00 € verringert. Die Bank bucht die Verbindlichkeiten gegenüber „Nadel und Faden" auf einem passiven Bestandskonto, der Kontoauszug ist eine kontenmäßige Darstellung für einen bestimmten Zeitraum und widerspiegelt nur die Geschäftsvorfälle der Bank:

Buchhaltung des Fachgeschäfts „Nadel und Faden"

S	Bank		H
AB	2.000,00 €	4)	350,00 €

Buchhaltung der ABC-Bank

S	Verbindlichkeit gegenüber „Nadel und Faden"	H
Überweisung 350,00 €	Kontostand alt 2.000,00 €	

4.1.3 Kontierungsregeln für Buchungen auf Bestandskonten

Beim Buchen eines Geschäftsvorfalls müssen Sie – wie das Beispiel zeigte – zuerst feststellen, welche Konten berührt werden und ob es sich dabei um Aktiv- oder um Passivkonten handelt. Beispiele für Aktivkonten sind die Konten Waren, Bank und Kasse, die Konten Darlehen und Lieferantenverbindlichkeiten sind Passivkonten. Im nächsten Schritt müssen Sie entscheiden, ob ein Zugang oder ein Abgang vorliegt und auf welcher Kontenseite demzufolge zu buchen ist.

Aus der Darstellung der vier Geschäftsvorfälle des Fachgeschäfts „Nadel und Faden" durch Buchungen auf Bestandskonten lassen sich allgemeingültige Kontierungsregeln ableiten:

- Die Anfangsbestände der Aktivkonten stehen im Soll.
- Zugänge zu Aktivkonten werden im Soll gebucht, Abgänge von Aktivkonten im Haben.
- Die Anfangsbestände der Passivkonten stehen im Haben.
- Zugänge zu Passivkonten werden im Haben gebucht, Abgänge von Passivkonten im Soll.

Ermitteln Sie nun in den für das Fachgeschäft „Nadel und Faden" dargestellten Bestandskonten auf S. 45 die Endbestände und verwenden Sie dazu folgende Gleichung:

Anfangsbestand + Zugänge – Abgänge = Endbestand

Vergleichen Sie die errechneten Werte mit denen in der zuletzt dargestellten Bilanz (siehe S. 43). Sie werden eine Übereinstimmung der Werte feststellen.

4.1.4 Eröffnungsbilanz, Schlussbilanz und Abschluss der Bestandskonten

Die Bilanz bildet die Grundlage für die Buchführung. Ausgangspunkt ist die bereits erwähnte Bilanzgleichung Aktiva = Passiva. Die Buchung von Geschäftsvorfällen auf den aus der Bilanz abgeleiteten Bestandskonten verändern den Inhalt der Bilanz. Die Bilanzgleichung Aktiva = Passiva bleibt trotzdem nach jeder Buchung erhalten, sodass jederzeit wieder eine Bilanz aufgestellt werden kann.

Am Anfang steht die Bilanz zu Beginn eines Geschäftsjahrs – die Eröffnungsbilanz. Auf den Bestandskonten werden die Anfangsbestände aus der Eröffnungsbilanz erfasst, und während des Geschäftsjahrs werden Zugänge und Abgänge aufgezeichnet. Am Schluss des Geschäftsjahrs ist dann eine Schlussbilanz aufzustellen. Dazu sind zunächst die Bestandskonten abzuschließen. Die bisherige Gleichung wird umgeformt. Sie kann dann in Kontoform dargestellt werden:

Bisher: Anfangsbestand + Zugänge – Abgänge = Endbestand
Umgeformt: Anfangsbestand + Zugänge = Abgänge + Endbestand

Darstellung in Kontoform:

S Aktivkonto	H
Anfangsbestand	Abgänge
Zugänge	
	Endbestand
Summe Soll	Summe Haben

S Passivkonto	H
Abgänge	Anfangsbestand
	Zugänge
Endbestand	
Summe Soll	Summe Haben

Die einzelnen Konten sind auf folgende Weise abzuschließen:

1. Die wertmäßig größere Kontenseite wird addiert und bildet die Kontosumme.
2. Die ermittelte Summe muss sich auch auf der wertmäßig kleineren Kontenseite ergeben, d.h., die Kontosumme ist nur ein rechnerischer Kontrollwert für den Kontenausgleich und -abschluss.
3. Die Differenz zwischen beiden Kontenseiten ist der Saldo des Kontos. Der Saldo gleicht die Kontenseiten aus. Bei Bestandskonten stellt der Saldo immer den Endbestand dar.

Die Endbestände der aktiven und passiven Bestandskonten können nun zur Schlussbilanz zusammengefasst werden. Zum Vergleich zunächst noch einmal die Eröffnungsbilanz des Fachgeschäfts „Nadel und Faden“. Danach folgen die einzelnen Konten und die Schlussbilanz.

Beispiel:

Aktiva — Eröffnungsbilanz zum 1. September 20... — Passiva

Aktiva		Passiva	
Anlagevermögen		Eigenkapital	9.460,00 €
Betriebs- und Geschäftsausstattung	7.710,00 €	Fremdkapital	
Umlaufvermögen		Darlehen	10.000,00 €
Waren	10.500,00 €	Lieferantenverbindlichkeiten	1.100,00 €
Bankguthaben	2.000,00 €		
Kasse	350,00 €		
Summe Aktiva	20.560,00 €	Summe Passiva	20.560,00 €

S — Betriebs- und Geschäftsausstattung — H

S		H	
AB	7.710,00 €	EB	7.710,00 €
	7.710,00 €		7.710,00 €

S — Eigenkapital — H

S		H	
EB	9.460,00 €	AB	9.460,00 €
	9.460,00 €		9.460,00 €

S — Waren — H

S		H	
AB	10.500,00 €	1)	40,00 €
3)	350,00 €	EB	10.810,00 €
	10.850,00 €		10.850,00 €

S — Darlehen — H

S		H	
EB	11.000,00 €	AB	10.000,00 €
2)	1.000,00 €		
	11.000,00 €		11.000,00 €

S	Bank		H
AB	2.000,00 €	4)	350,00 €
		EB	1.650,00 €
	2.000,00 €		2.000,00 €

S	Lieferantenverbindlichkeiten		H
2)	1.000,00 €	AB	1.100,00 €
4)	350,00 €	3)	350,00 €
EB	100,00 €		
	1.450,00 €		1.450,00 €

S	Kasse		H
AB	350,00 €	EB	390,00 €
1)	40,00 €		
	390,00 €		390,00 €

Aktiva	Schlussbilanz zum 31. Dezember 20...		Passiva
<u>Anlagevermögen</u>		<u>Eigenkapital</u>	9.460,00 €
Betriebs-und Geschäftsausstattung	7.710,00 €	<u>Fremdkapital</u>	
		Darlehen	11.000,00 €
<u>Umlaufvermögen</u>		Lieferanten-verbindlichkeiten	100,00 €
Waren	10.810,00 €		
Bankguthaben	1.650,00 €		
Kasse	390,00 €		
Summe Aktiva	20.560,00 €	Summe Passiva	20.560,00 €

Hier wird nur der rechnerische Ablauf schematisch dargestellt. Nach den Grundsätzen ordnungsmäßiger Buchführung ist die Durchführung einer Inventur und die Aufstellung des Inventars Voraussetzung für die Aufstellung einer Schlussbilanz. Die durch die Inventur festgestellten Differenzen zu den Buchbeständen müssen dann durch entsprechende Buchungen auf den jeweiligen Konten berücksichtigt werden. Erst dann kann der Abschluss erfolgen und eine Schlussbilanz erstellt werden.

- Aktivkonten und Passivkonten sind Bestandskonten und entstehen durch die Auflösung der Bilanz in einzeln abzurechnende Konten.
- Konten sind für eine übersichtliche Darstellung der Geschäftsvorfälle erforderlich.
- Am Schluss des Geschäftsjahrs sind die Konten abzuschließen. Der Saldo in den Bestandskonten stellt den Endbestand dar. Es ist eine Schlussbilanz aufzustellen.

- Die Schlussbilanz stimmt wertmäßig mit dem Inventar zum Schluss des Geschäftsjahrs überein.
- Die Werte in der Schlussbilanz eines Geschäftsjahrs stimmen mit den Werten der Eröffnungsbilanz des nachfolgenden Geschäftsjahrs überein. Das entspricht dem Grundsatz des Bilanzidentität (§ 252 Abs. 1 Nr. 1 HGB).

4.1.5 Bildung von Buchungssätzen

Bei den Geschäftsvorfällen des Fachgeschäfts „Nadel und Faden" wurden jeweils zwei Konten verändert. Dabei verursachte jeder Geschäftsvorfall eine Buchung im Soll und eine gleich große Buchung im Haben. Formuliert werden diese Buchungen in einem Buchungssatz. Der Buchungssatz gibt in kurzer Form an, auf welchen Konten und Kontenseiten und mit welchen Beträgen die Buchung eines Geschäftsvorfalls erfolgen soll.
Zur Bildung des Buchungssatzes wird zuerst das Konto für die Sollbuchung genannt und durch das Wort „an" mit dem Kontennamen für die Habenbuchung verbunden. Die Buchungssätze für Geschäftsvorfälle des Fachgeschäfts „Nadel und Faden" aus dem letzten Kapitel lauten demzufolge:

Beispiel:

Geschäftsvorfall	Buchungssatz
1) Susanne Schneider verkauft an einen Kunden Stoff zum Preis von 40,00 €. Der Kunde zahlt bar.	Kasse 40,00 € an Waren 40,00 €
2) Der Lieferant ist einverstanden, dass Susanne Schneider von der bestehenden Verbindlichkeit 1.000,00 € in ein Darlehen umwandelt.	Lieferantenverbindlichkeiten 1.000,00 € an Darlehen 1.000,00 €
3) Susanne Schneider kauft ein weiteres Stoffsortiment im Wert von 350,00 €. Der Rechnungsbetrag ist später zu überweisen.	Waren 350,00 € an Lieferantenverbindlichkeiten 350,00 €
4) Susanne Schneider begleicht den Rechnungsbetrag in Höhe von 350,00 € durch Überweisung.	Lieferantenverbindlichkeiten 350,00 € an Bank 350,00 €

Es gibt jedoch auch Geschäftsvorfälle, die auf mehr als zwei Konten zu erfassen sind. Dazu ist dann ein zusammengesetzter Buchungssatz zu bilden, bei dem die Betragssumme der Sollbuchungen und die Betragssumme der Habenbuchungen gleich groß sind. Hierzu ein neuer Geschäftsvorfall für das Fachgeschäft „Nadel und Faden“:

Beispiel:

Geschäftsvorfall	Buchungssatz
5) Susanne Schneider überweist an den Lieferanten 250,00 €. Damit sollen die noch offene Lieferantenverbindlichkeit und die erste Rate des gewährten Darlehens beglichen werden.	Darlehen 150,00 € Lieferantenverbindlichkeiten 100,00 € an Bank 250,00 €

Bei jeder Buchung müssen den Sollbuchungen gleich große Habenbuchungen gegenüberstehen:

Summe Soll = Summe Haben

Beim Buchen der Anfangsbestände nach der Auflösung der Eröffnungsbilanz in Bestandskonten als auch der Endbestände beim Abschluss der Bestandskonten fehlen bisher die entsprechenden Gegenbuchungen. Um diesen Mangel zu beheben, werden zwei zusätzliche Konten eingeführt, das Eröffnungsbilanzkonto (EBK) und das Schlussbilanzkonto (SBK). Beim Eröffnungsbilanzkonto und beim Schlussbilanzkonto werden die Kontenseiten mit Soll und Haben benannt, in der Bilanz gibt es nur die Bezeichnungen Aktiva und Passiva.
Aktivkonten haben ihren Anfangsbestand im Soll. Die Gegenbuchung erfolgt im Eröffnungsbilanzkonto im Haben.
Passivkonten haben ihren Anfangsbestand im Haben. Die Gegenbuchung erfolgt im Eröffnungsbilanzkonto im Soll.

Die Buchungssätze zur Eröffnung der Bestandskonten lauten:
Aktivkonto an Eröffnungsbilanzkonto (EBK)
Eröffnungsbilanzkonto (EBK) an Passivkonto

Aktivkonten haben einen Überschuss im Soll (Sollsaldo). Der Saldo gleicht die Kontenseiten aus und wird als Endbestand im Haben gebucht. Die Gegenbuchung erfolgt im Schlussbilanzkonto im Soll.
Passivkonten haben einen Überschuss im Haben (Habensaldo). Der Saldo gleicht die Kontenseiten aus und wird als Endbestand im Soll gebucht. Die Gegenbuchung erfolgt im Schlussbilanzkonto im Haben.

Für den Abschluss der Bestandskonten werden folgende Buchungssätze gebildet:
Schlussbilanzkonto (SBK) an Aktivkonto
Passivkonto an Schlussbilanzkonto (SBK)

In der Praxis werden die Buchführungsarbeiten in Buchungsvorbereitung und Buchungsausführung unterteilt. In der Buchungsvorbereitung muss zunächst festgestellt werden, welche Buchung für den Geschäftsvorfall vorzunehmen ist. Jede Buchung darf nur aufgrund eines Belegs vorgenommen werden, denn jeder Geschäftsvorfall muss sich in seiner Entstehung und Abwicklung verfolgen lassen. Die in den Beispielen dargestellten laufenden Geschäftsvorfälle (siehe S. 50) werden belegt durch 1) die Eintragung im Kassenbuch, 2) die Darlehensvereinbarung mit dem Lieferanten, 3) die Eingangsrechnung für die gelieferte Ware, 4) und 5) den Kontoauszug der ABC-Bank. Eröffnungs- und Abschlussbuchungen können aufgrund interner Belege erfasst werden. Der Buchungssatz ist auf dem dazugehörigen Beleg einzutragen, der Beleg wird „vorkontiert". Die Buchführungsausführung kann nun ohne weiteres erfolgen, und die Buchung wird auf den entsprechenden Konten vorgenommen. Dabei werden die Buchungen unter Angabe des jeweiligen Gegenkontos vorgenommen.

Beispiel:

Buchungssatz: Lieferantenverbindlichkeiten 350,00 €
an Bank 350,00 €

S	Bank		H
EBK	2.000,00 €	Lief.-verb.	350,00 €

S	Lieferantenverbindlichkeiten		H
Bank	350,00 €	EBK	1.100,00 €

In der Praxis ist eine verkürzte Darstellung unter Verwendung der entsprechenden Kontonummer aus einem Kontenrahmen bzw. abgeleiteten Kontenplan (siehe Kap. 7) üblich.

Beispiel:

Die Kontennummern im DATEV-Kontenrahmen SKR 03 lauten:
1200 Bank
1600 Verbindlichkeiten aus Lieferungen und Leistungen
9000 Eröffnungsbilanzkonto

Buchungssatz:	S 1600 350,00 €
	H 1200 350,00 €
oder	1600/1200 350,00 €

S	1200 Bank		H
9000	2.000,00 €	1600	350,00 €

S	1600 Verbindlichkeiten aLuL		H
1200	350,00 €	9000	1.100,00 €

Keine Buchung ohne Beleg.
Keine Buchung ohne Gegenbuchung.

Zunächst wird Ihnen das Finden des „richtigen" Buchungssatzes für einen zu buchenden Geschäftsvorfall noch Schwierigkeiten bereiten. Alle Geschäftsvorfälle können aber durch folgende Buchungsregel zusammengefasst werden:

Soll	Haben
Aktivmehrung Passivminderung	Aktivminderung Passivmehrung

Tipp: Lernen Sie die Positionen der Aktivseite und der Passivseite einer einfachen Bilanz auswendig! Das erleichtert Ihnen künftig die Bildung von Buchungssätzen, da Sie sehr schnell entscheiden können, ob sich ein Aktivposten oder ein Passivposten verändert.

4.1.6 Übungen

Beurteilen Sie die einzelnen Geschäftsvorfälle nach folgendem Schema!
AME = Aktivmehrung AMI = Aktivminderung
PMI = Passivminderung PME = Passivmehrung
Bilden Sie die dazugehörigen Buchungssätze!

1)	Barkauf von Waren	430,00 €
2)	Kauf eines Schreibtischs auf Ziel	620,00 €
3)	Bareinlage bei der Bank (aus der Geschäftskasse)	400,00 €
4)	Kauf eines Fahrzeugs auf Ziel	20.000,00 €
5)	Kauf von Waren auf Ziel	1.400,00 €
6)	Warenrücksendung an den Lieferanten	200,00 €
7)	Warenverkauf auf Ziel	1.000,00 €
8)	Überweisung eines Kunden zum Ausgleich unserer Forderung	1.000,00 €
9)	Umwandlung einer Verbindlichkeit in ein Darlehen	20.000,00 €
10)	Abbuchung der Tilgungsrate für ein Darlehen vom Bankkonto	300,00 €

Nr.	Konto Soll Konto Haben	AME PMI	AMI PME	Buchungssatz
1)	Waren Kasse	AME	 AMI	Waren 430,00 € an Kasse 430,00 €

Eröffnen Sie die Konten für die nachstehende Eröffnungsbilanz, buchen Sie die Geschäftsvorfälle der letzten Übung und erstellen Sie die Schlussbilanz zum 31.12.20...!

Aktiva — Eröffnungsbilanz zum 1. Januar 20... — Passiva

Aktiva		Passiva	
Anlagevermögen		Eigenkapital	11.000,00 €
Fahrzeuge	1.500,00 €	Fremdkapital	
Betriebs- und Geschäftsausstattung	4.000,00 €	Darlehen	7.000,00 €
Umlaufvermögen		Lieferantenverbindlichkeiten	1.000,00 €
Waren	3.000,00 €		
Kundenforderungen	500,00 €		
Bankguthaben	8.000,00 €		
Kasse	2.000,00 €		
Summe Aktiva	19.000,00 €	Summe Passiva	19.000,00 €

Welche Geschäftsvorfälle liegen folgenden Buchungssätzen zugrunde?

Lieferantenverbindlichkeiten an Bank 3.000,00 €

Bank an Kasse 2.000,00 €

Waren an Lieferantenverbindlichkeiten 7.400,00 €

Bank an Kundenforderungen 2.500,00 €

Kasse an Betriebs- und Geschäftsausstattung 980,00 €

Darlehen an Bank 800,00 €

Kundenforderungen an Waren 4.200,00 €

Verbindlichkeiten an Waren 500,00 €

4.2 Eigenkapitalveränderungen und Buchungen auf Erfolgskonten

4.2.1 Eigenkapitalveränderungen durch erfolgswirksame Geschäftsvorfälle

Durch die bisherigen Geschäftsvorfälle ist das Konto Eigenkapital nicht verändert worden. Die Höhe des Eigenkapitals wird nur durch Geschäftsvorfälle, die zu einem Gewinn oder zu einem Verlust für das Unternehmen führen, verändert.

Beispiel

Susanne Schneider überweist die monatliche Miete für das Ladengeschäft in Höhe von 250,00 € an den Vermieter, sie kauft für 10,00 € Aktenordner und Quittungsformulare, die ABC-Bank berechnet 4,00 € als monatliche Kontoführungsgebühren. Durch diese Geschäftsvorfälle werden die aktiven Bestandskonten Bank und Kasse vermindert. Doch Anlage- oder Umlaufvermögen werden nicht erhöht. Auch die bestehenden Schulden werden nicht verringert. Es handelt sich um Aufwendungen, die das Eigenkapital verringern.
Die ABC-Bank erteilt die monatliche Zinsgutschrift für das Guthaben auf dem bestehenden Geschäftskonto in Höhe von 0,40 €. Es handelt sich dabei um einen Ertrag, der das Eigenkapital erhöht:

S	Eigen-	kapital	H
Miete	250,00 €	AB	9.460,00 €
Bürobedarf	10,00 €	Zinsgutschrift	0,40 €
Kontoführungsgebühren	4,00 €		
EB	9.196,40 €		
	9.460,40 €		9.460,40 €

Das Eigenkapital hat sich insgesamt verringert. Obwohl das Geschäftsjahr noch nicht vorüber ist und sicherlich noch weitere Geschäftsvorfälle die Höhe des Eigenkapitals beeinflussen werden, kann die bereits im Kap. 2.1 erläuterte Gewinnermittlung nach § 4 Abs. 1 EStG für das Beispiel wie folgt dargestellt werden:

Betriebsvermögensvergleich nach § 4 Abs. 1 EStG		
Betriebsvermögen am Schluss des Wirtschaftsjahrs	Eigenkapital lt. Schlussbilanz	9.196,40 €
– Betriebsvermögen am Schluss des Wirtschaftsjahrs	– Eigenkapital lt. Eröffnungsbilanz	– 9.460,00 €
+ Entnahmen des Steuerpflichtigen	+ Entnahmen	+ 0,00 €
– Einlagen des Steuerpflichtigen	– Einlagen	– 0,00 €
= Gewinn oder Verlust	= Gewinn (+) oder Verlust (–)	= – 263,60 €

Diese Geschäftsvorfälle haben also insgesamt zu einem Verlust in Höhe von 263,60 € geführt. Im Laufe des gesamten Geschäftsjahrs treten Mietzahlungen, Kauf von Büromaterial und Kontoführungsgebühren sowie die Zinsgutschrift für das Bankguthaben mehrmals auf. Werden diese und weitere ähnliche Geschäftsvorfälle direkt auf dem Eigenkapitalkonto gebucht, würde das Konto sehr schnell unübersichtlich werden. Außerdem lässt sich nicht ohne weiteres feststellen, warum sich das Eigenkapital verändert hat und wie hoch die Ausgaben für Miete, Büromaterial, Kontoführung usw. sind.

4.2.2 Buchungen von Aufwendungen und Erträgen auf Erfolgskonten

Deshalb werden Unterkonten des Eigenkapitalkontos eingerichtet. Man nennt diese Konten Erfolgskonten. Die Erfolgskonten haben den gleichen Aufbau wie das Eigenkapitalkonto und sind in Aufwands- und Ertragskonten gegliedert. Dabei werden gleichartige Aufwendungen und Erträge jeweils auf einem eigenen Konto erfasst.

Aufwendungen führen zur Minderung des Eigenkapitals und werden im Soll gebucht.
Erträge führen zur Mehrung des Eigenkapitals und werden im Haben gebucht.

Beispiel:

Susanne Schneider richtet sich nun einige zusätzliche Konten ein. Die Konten Miete, Bürobedarf und Nebenkosten des Geldverkehrs sind Aufwandskonten, das Konto Zinserträge ist ein Ertragskonto.

Geschäftsvorfall	Buchungssatz
7) Susanne Schneider überweist die September-Miete für das Ladengeschäft in Höhe von 250,00 € an den Vermieter.	Miete 250,00 € an Bank 250,00 €
8) Susanne Schneider kauft für 10,00 € Aktenordner und Quittungsformulare.	Bürobedarf 10,00 € an Kasse 10,00 €
9) Die ABC-Bank berechnet 4,00 € als monatliche Kontoführungsgebühren.	Nebenkosten des Geldverkehrs 4,00 € an Bank 4,00 €
10) Die ABC-Bank erteilt die monatliche Zinsgutschrift für das Guthaben auf dem Geschäftskonto in Höhe von 0,40 €.	Bank 0,40 € an Zinserträge 0,40 €
11) Susanne Schneider kauft ein Briefablage-Set für 29,00 €. Sie zahlt bar.	Bürobedarf 29,00 € an Kasse 29,00 €
12) Susanne Schneider überweist die Oktober-Miete für das Ladengeschäft in Höhe von 250,00 €	Miete 250,00 € an Bank 250,00 €

Im Folgenden werden zu diesen Geschäftsvorfällen nur die Buchungen auf den Aufwands- und Ertragskonten dargestellt. In der Praxis ist die Gegenbuchung zwingend erforderlich.

S	Miete		H
7) Bank	250,00 €		
12) Bank	250,00 €		

S	Bürobedarf		H
8) Kasse	10,00 €		
11) Kasse	29,00 €		

S	Nebenkosten des Geldverkehrs		H
9) Bank	4,00 €		

S	Zinserträge		H
		10) Bank	0,40 €

Aufwendungen und Erträge wirken sich auf Gewinn oder Verlust eines Unternehmens aus und verändern das Eigenkapital.
Aufwendungen und Erträge werden nicht direkt auf dem Konto Eigenkapital gebucht, sondern in Aufwands- und Ertragskonten.
Aufwands- und Ertragskonten sind Erfolgskonten und Unterkonten des Eigenkapitalkontos.

Zu den Aufwendungen gehören auch Zinsaufwendungen, die für ein in Anspruch genommenes Darlehen entstehen. Oftmals wird dabei eine so genannte Annuitätentilgung vereinbart, bei der ein periodisch gleich bleibender Betrag zur Zinszahlung und Tilgung des Darlehens aufzubringen ist. Die Annuität setzt sich aus einem Tilgungs- und einem Zinsanteil zusammen. Mit jeder Tilgungsleistung verringert sich der zu zahlende Zinsanteil und der Tilgungsanteil erhöht sich. Das ist auch bei der Buchung zu berücksichtigen.

Beispiel:

Für eine Darlehensrückzahlung sind vierteljährliche Zahlungen mit 2.145,19 € vereinbart worden. Der Tilgungsanteil beträgt 2% der Darlehenssumme zuzüglich ersparter Zinsen. Der Zinsanteil einer Ratenzahlung beträgt beispielsweise 1.429,43 €, der Zinsanteil der nachfolgenden Ratenzahlung verringert sich auf 1.415,85 €.

Geschäftsvorfall	Buchungssatz
1. Ratenzahlung	Darlehen (Tilgung) 715,76 € Zinsaufwendungen 1.429,43 € an Bank 2.145,19 €
2. Ratenzahlung	Darlehen (Tilgung) 729,34 € Zinsaufwendungen 1.415,85 € an Bank 2.145,19 €

Das Konto Darlehen ist ein passives Bestandskonto, ein Abgang ist im Soll zu buchen. Das Konto Zinsaufwendungen ist ein Aufwandskonto, Aufwendungen sind ebenfalls im Soll zu buchen. Das aktive Bestandskonto Kasse verringert sich im Haben. Die Summe der Sollbuchungen entspricht der Habenbuchung.

4.2.3 Gewinn- und Verlustkonto und Abschluss der Erfolgskonten

Die Erfolgskonten werden nicht direkt über das Konto Eigenkapital, sondern über ein gesondertes Konto abgeschlossen. Zunächst wird auf jedem Aufwands- und Ertragskonto der Saldo gebildet. Unter Einhaltung des Grundsatzes „Keine Buchung ohne Gegenbuchung“ wird die entsprechende Gegenbuchung auf dem dafür vorgesehenen Abschlusskonto Gewinn und Verlust (GuV-Konto) vorgenommen. Damit sind die einzelnen Aufwands- und Ertragskonten ausgeglichen und abgeschlossen. Beachten Sie, dass Aufwands- und Ertragskonten keine Anfangs- oder Endbestände haben.
Sicherlich werden im laufenden Geschäftsjahr noch weitere Geschäftsvorfälle zu Aufwendungen und Erträgen führen und damit zur Änderung des Eigenkapitals beitragen.

Zur Veransachaulichung soll der Abschluss der Konten für dieses Beispiel dargestellt werden:

S	Miete		H
7) Bank	250,00 €	GuV	500,00 €
12) Bank	250,00 €		
	500,00 €		500,00 €

S	Bürobedarf		H
8) Kasse	10,00 €	GuV	39,00 €
11) Kasse	29,00 €		
	39,00 €		39,00 €

S	Nebenkosten des Geldverkehrs		H
9) Bank	4,00 €	GuV	4,00 €

S	Zinserträge		H
GuV	0,40 €	10) Bank	0,40 €

S	GuV		H
Miete	500,00 €	Zinserträge	0,40 €
Bürobedarf	39,00 €		
Nebenkosten des Geldverkehrs	4,00 €		

Im GuV-Konto werden wiederum – wie im Beispiel gerade gezeigt – sämtliche Aufwendungen im Soll ausgewiesen, Erträge im Haben. Sind die Erträge größer als die Aufwendungen, so ergibt sich ein Gewinn. Sind die Aufwendungen größer als die Erträge, ergibt sich demnach ein Verlust.

  Erträge
– Aufwendungen
= Gewinn oder Verlust

Der Saldo zwischen sämtlichen Aufwendungen und Erträgen ergibt den Erfolg der Periode. Da durch den Gewinn oder Verlust das Eigenkapital verändert wird, muss das Gewinn- und Verlustkonto auch über das Konto Eigenkapital abgeschlossen werden:

S	GuV		H
Miete	500,00 €	Zinsertr.	0,40 €
Bürobedarf	39,00 €	Eig.kap.	542,60 €
Nebenkosten des Geldverkehrs	4,00 €		
	543,00 €		543,00 €

S	Eigenkapital		H
GuV	542,60 €	AB	9.460,00 €
EB	8.917,40 €		
	9.460,00 €		9.460,00 €

In der Buchführung kann also der Erfolg eines Unternehmens durch zwei verschiedene Berechnungsmethoden nachgewiesen werden, durch den Betriebsvermögensvergleich nach § 4 Abs. 1 EStG und durch die Gewinn- und Verlustrechnung:

Betriebsvermögensvergleich	
Eigenkapital lt. Schlussbilanz	8.917,40 €
– Eigenkapital lt. Eröffnungsbilanz	– 9.460,00 €
+ Entnahmen	+ 0,00 €
– Einlagen	– 0,00 €
= Gewinn (+) oder Verlust (–)	= – 542,60 €

Gewinn- und Verlustrechnung	
Erträge	0,40 €
– Aufwendungen	– 543,00 €
= Gewinn (+) oder Verlust (–)	= – 542,60 €

Aufwands- und Ertragskonten haben keine Anfangsbestände und keine Endbestände. Sie werden über das Gewinn- und Verlustkonto abgeschlossen.
Das Gewinn- und Verlustkonto wird über das Eigenkapitalkonto abgeschlossen.

4.2.4 Übungen

	Ja	Nein
Aufwendungen werden im Soll, Erträge werden im Haben gebucht.	☒	☐
Das Konto Bürobedarf ist ein Aufwandskonto.	☒	☐
Das Konto Forderungen ist ein Ertragskonto.	☐	☒
Bei der Gutschrift von Zinsen auf ein betriebliches Bankkonto handelt es sich um einen Ertrag.	☒	☐
Wird eine Lieferantenverbindlichkeit durch Überweisung vom Bankkonto beglichen, verringert sich das Eigenkapital.	☐	☒
Eine betrieblich verursachte Eigenkapitalminderung wird als Aufwand bezeichnet.	☒	☐
Erfolgskonten sind Unterkonten des Kontos Eigenkapital.	☒	☐
Erfolgskonten werden über das Konto Eigenkapital abgeschlossen.	☐	☒
Erfolgskonten werden über das GuV-Konto abgeschlossen.	☒	☐
Nach Abschluss aller Erfolgskonten ergibt sich ein Saldo von 20.000,00 € im Soll des GuV-Kontos. Der Unternehmer hat demzufolge einen Verlust von 20.000,00 € erzielt.	☐	☒

4.3 Privateinlagen und Privatentnahmen

In Einzelfirmen und Personengesellschaften werden während des Geschäftsjahrs auch Privateinlagen und Privatentnahmen vorgenommen. Sie verändern ebenfalls das Eigenkapital. Es handelt sich dabei jedoch nicht um betriebliche Aufwendungen oder Erträge. Privatvorgänge dürfen sich deshalb nicht auf den Erfolg des Unternehmens, also auf den erzielten Gewinn oder Verlust, auswirken.
Privatentnahmen sind nach § 4 Abs. 1 EStG alle Barentnahmen, Waren, Erzeugnisse, Nutzungen und Leistungen, die der Steuerpflichtige dem Betrieb für sich, für seinen Haushalt oder für andere betriebsfremde Zwecke im Laufe des Wirtschafts-

jahrs entnommen hat. Eine Privatentnahme ist im Prinzip eine vorweggenommene Entnahme des erzielten Gewinns oder eine Rückzahlung des Eigenkapitals.
Privateinlagen sind Bareinlagen und sonstige Wirtschaftsgüter, die der Steuerpflichtige dem Betrieb im Laufe des Wirtschaftsjahrs zugeführt hat. Sie erhöhen das Eigenkapital, aber nicht die Erträge der Unternehmung.

Beispiel:

Vom Geschäftskonto des Fachgeschäfts „Nadel und Faden" wird der monatliche Beitrag zur freiwilligen Kranken- und Pflegeversicherung für Susanne Schneider in Höhe von 185,00 € abgebucht. Selbstständige müssen ihren Beitrag allein tragen. Es handelt sich also um eine Privatentnahme.
Susanne Schneider stellt fest, dass sie für Wareneinkäufe beim Großhändler ein Firmenfahrzeug benötigt. Sie erwirbt deshalb über eine Anzeige einen Gebrauchtwagen für 4.500,00 €, den sie künftig als Firmenfahrzeug nutzen will. Den Kaufpreis zahlt sie von ihren Ersparnissen. Es handelt sich um eine Privateinlage.

4.3.1 Buchungen auf Privatkonten

Diese Vorgänge werden auf Unterkonten des Kontos Eigenkapital gebucht. Die Buchungen erfolgen nach den gleichen Regeln, die für das Eigenkapitalkonto gelten: Privatentnahmen, also Eigenkapitalminderungen, werden im Soll gebucht. Durch Privateinlagen wird das Eigenkapital erhöht, sie werden im Haben gebucht.
Bei Einzelunternehmen reicht im Prinzip ein Privatkonto aus. Gewöhnlich werden jedoch mindestens zwei Privatkonten eingerichtet:

- Privatentnahmen allgemein
- Privateinlagen

Beispiel:

Die Geschäftsvorfälle werden wie folgt gebucht:

Geschäftsvorfall	Buchungssatz
13) Für die freiwillige Kranken- und Pflegeversicherung werden 185,00 € vom Geschäftskonto abgebucht.	Privatentnahmen 185,00 € an Bank 185,00 €

14) Susanne Schneider kauft ein Firmenfahrzeug für 4.500,00 € aus privaten Ersparnissen.	Fahrzeuge 4.500,00 € an Privateinlagen 4.500,00 €

Im Folgenden werden wiederum nur die Buchungen auf den Privatkonten dargestellt. In der Praxis ist die Gegenbuchung zwingend erforderlich.

S	Privatentnahmen	H
13) Bank 185,00 €		

S	Privateinlagen	H
		14) Fahrzeuge 4.500,00 €

! Für Einzelunternehmer ist es zweckmäßig, neben den Konten für Privatentnahmen und Privateinlagen zusätzliche Privatkonten einzurichten, aus denen Angaben für die später zu erstellende Steuererklärung entnommen werden können:

- Steuern (z.B. Einkommensteuer, Kirchensteuer)
- Sonderausgaben, beschränkt abzugsfähig
- Sonderausgaben, unbeschränkt abzugsfähig
- Zuwendungen, Spenden
- Außergewöhnliche Belastungen
- Unentgeltliche Wertabgaben (siehe Kap. 5.5)

Bei Personengesellschaften müssen die Privatkonten getrennt für jeden Gesellschafter eingerichtet werden. Auch hier genügt wiederum für jeden Gesellschafter mindestens ein Privatkonto. In Kapitalgesellschaften dürfen grundsätzlich keine Privatkonten geführt werden. Werden durch einen Gesellschafter-Geschäftsführer während des Geschäftsjahrs Zahlungen und Entnahmen für private Vorgänge veranlasst, ist dafür ein gesondertes Darlehens- oder Verrechnungskonto zu verwenden.

4.3.2 Abschluss der Privatkonten

Am Jahresende werden die Privatkonten unmittelbar über das Konto Eigenkapital abgeschlossen. Da Privatvorgänge keine erfolgswirksamen Geschäftsvorfälle darstellen, werden sie niemals über das Gewinn- und Verlustkonto abgeschlossen. Die hier im Konto Eigenkapital ausgewiesene Gegenbuchung zum Konto GuV ist bereits im Kap. 4.2.3 mit dem Abschluss der Aufwands- und Ertragskonten entstanden:

Beispiel:

S	Privatentnahmen		H
13) Bank	185,00 €	Eig.kap.	185,00 €

S	Privateinlagen		H
Eigenkapital	4.500,00 €	14) Fahrzeuge	4.500,00 €

S	Eigenkapital		H
GuV	542,60 €	AB (EBK)	9.460,00 €
Privatentnahmen	185,00 €	Privateinlagen	4.500,00 €
EB (SBK)	13.232,40 €		
	13.960,00 €		13.960,00 €

Abschließend soll auch hier der Gewinn, der durch den Betriebsvermögensvergleich ermittelt wird, mit dem Gewinn aus der Gewinn- und Verlustrechnung verglichen werden. Die bisherigen Geschäftsvorfälle führten insgesamt zu einem Verlust des Fachgeschäfts „Nadel und Faden" von 542,60 €. Die Gegenüberstellung zeigt, dass Privatentnahmen und Privateinlagen die Höhe des Gewinns bzw. in diesem Falle die Höhe des Verlustes nicht beeinflussen.

Betriebsvermögensvergleich	
Eigenkapital lt. Schlussbilanz	13.232,40 €
– Eigenkapital lt. Eröffnungsbilanz	– 9.460,00 €
+ Entnahmen	+ 185,00 €
– Einlagen	– 4.500,00 €
= Gewinn (+) oder Verlust (–)	= – 542,60 €

Gewinn- und Verlustrechnung	
Erträge	0,40 €
– Aufwendungen	– 543,00 €
= Gewinn (+) oder Verlust (–)	– 542,60 €

4.3.3 Übungen

	Ja	Nein
Aufwendungen werden im Soll, Erträge werden im Haben gebucht.	☐	☒
Privatentnahmen und Privateinlagen können nur in Form von Bargeld geleistet werden.	☒	☒
Privateinlagen können auch in Form von Sacheinlagen geleistet werden.	☒	☐
Privatentnahmen können auch in Form von Sachentnahmen geleistet werden.	☐	☒
Zahlt ein Einzelunternehmer sich selbst regelmäßig einen so genannten Unternehmerlohn, handelt es sich nicht um eine Privatentnahme, sondern um Aufwand, der den Gewinn schmälert.	☐	☒
Privatentnahmen erhöhen den Verlust eines Unternehmens.	☐	☒
Sind die Privatentnahmen höher als der Jahresgewinn, mindert sich das Eigenkapital.	☒	☐
Durch Privateinlagen erhöht sich das Eigenkapital.	☒	☐
Die Konten Privatentnahmen und Privateinlagen sind Unterkonten des Kontos Eigenkapital.	☒	☐
Die Konten Privatentnahmen und Privateinlagen werden immer direkt über das Konto Eigenkapital abgeschlossen.	☒	☐

4.4 Warenverkehr

4.4.1 Buchungen auf dem gemischten Warenkonto

Im Kap. 4.1.2 haben Sie das Konto Waren als aktives Bestandskonto kennen gelernt. In diesem Konto wurden sowohl der Anfangsbestand als auch für Geschäftsvorfall 3) der Wareneinkauf im Soll gebucht, dagegen wurde im Haben für Geschäftsvorfall 1) der Warenverkauf an einen Kunden gebucht. Beim Warenverkehr sind mehrere Arten der Geschäftsvorfälle zu unterscheiden, die im Folgenden näher erläutert werden sollen. Die Ware wird zu einem bestimmten Preis eingekauft, dem Einkaufspreis. Außerdem werden von den Lieferanten oftmals zusätzliche Kosten für den Bezug der Ware in Rechnung gestellt. Das sind so genannte Anschaffungsnebenkosten. Einkaufspreis und Anschaffungsnebenkosten ergeben den Einstandspreis der Ware. Auch die Warenbestände werden zum Einstandspreis bewertet. Durch den Verkauf der Ware will ein Handelsunternehmen natürlich einen Gewinn erzielen. Ferner müssen auch Kosten, die z.B. durch die Miete für das Ladengeschäft, für Büromaterial und für weitere betriebliche Aufwendungen entstehen, in der Kalkulation des Verkaufspreises berücksichtigt werden. Einkaufspreis und Verkaufspreis sind also in der Regel nicht gleich groß. Beim Warenverkehr sind zudem Rücksendungen und Preisnachlässe üblich, gegenüber Lieferanten auf der Basis des Einkaufspreises und gegenüber Kunden auf der Basis des Verkaufspreises. Vereinfacht dargestellt enthält das Warenkonto folgende Buchungen:

S	Waren H
Anfangsbestand lt. Inventur	Warenverkäufe (zum Verkaufspreis)
Wareneinkäufe (zum Einkaufspreis)	Preisnachlässe beim Wareneinkauf
Anschaffungsnebenkosten	Rücksendungen an Lieferanten
Preisnachlässe beim Warenverkauf	Endbestand lt. Inventur
Rücksendungen von Kunden	

Das Warenkonto enthält damit sowohl Buchungen eines Bestandskontos (Anfangsbestand, Endbestand) als auch die für ein Erfolgskonto typischen Buchungen für Aufwand (Wareneinkauf) und Ertrag (Warenverkauf). Es handelt sich um ein gemischtes Konto. Das gemischte Warenkonto soll nun so getrennt werden, dass reine Bestands- und Erfolgskonten entstehen.

4.4.2 Buchungen des Warenverkehrs in getrennten Bestands- und Erfolgskonten

Dazu wird in Handelsunternehmen häufig ein Warenbestandskonto, ein Wareneinkaufskonto und ein Warenverkaufskonto eingerichtet. Das Warenbestandskonto zeigt nur den Anfangsbestand laut Eröffnungsbilanz und bleibt während des Wirtschaftsjahrs unverändert. Erst am Jahresende wird der durch eine Inventur ermittelte Endbestand auf dem Warenbestandskonto gebucht (siehe Kap. 4.4.3). Alle während des Geschäftsjahrs erfolgten Wareneinkäufe werden ausschließlich im Wareneinkaufskonto erfasst und Warenverkäufe im Konto Warenverkauf oder Verkaufserlöse gebucht.

Beispiel:

Der Warenbestand des Fachgeschäfts „Nadel und Faden“ betrug laut Eröffnungsbilanz 10.500,00 €. Susanne Schneider hat zunächst an einen Kunden Stoff zum Preis von 40,00 € verkauft. Es folgen weitere Barverkäufe zu 65,00 €, 20,00 € und 52,00 €. Außerdem hat Susanne Schneider Stoffe im Wert von 350,00 € gekauft. Auch hier erfolgt ein weiterer Wareneinkauf mit Kurzwaren im Wert von 200,00 €. Sie sendet Ware im Wert von 100,00 € an den Lieferanten zurück.

S	Warenbestand		H
AB	10.500,00 €		

S	Wareneinkauf		H
Lieferantenverbindlichkeiten	350,00 €	Lieferantenverbindlichkeiten (Rücksendung)	100,00 €
Lieferantenverbindlichkeiten	200,00 €		

S	Warenverkauf		H
		Kasse	40,00 €
		Kasse	65,00 €
		Kasse	20,00 €
		Kasse	52,00 €

Auf dem Konto Wareneinkauf erscheinen nur Geschäftsvorfälle auf der Basis von Einkaufs- bzw. Einstandspreisen, auf dem Konto Warenverkauf nur Warenbewegungen zu Verkaufspreisen.

4.4.3 Abschluss der Warenkonten

Am Ende des Jahres wird im Fachgeschäft „Nadel und Faden“ durch eine Inventur ein Warenbestand von 10.810,00 € festgestellt.
Der zum Bilanzstichtag durch eine Inventur festgestellte Warenbestand wird als Endbestand auf dem Warenbestandskonto gebucht. Die dazugehörige Gegenbuchung erfolgt auf dem Schlussbilanzkonto. Ist der Endbestand an Waren höher als der Anfangsbestand, so handelt es sich um eine Bestandsmehrung. Das bedeutet, nicht alle während des Geschäftsjahrs eingekauften Waren wurden auch tatsächlich im Warenverkauf eingesetzt. Im umgekehrten Falle, wenn der Endbestand an Waren niedriger ist als der Anfangsbestand, handelt es sich um eine Bestandsminderung. Dann wurden während des Geschäftsjahrs mehr Waren im Verkauf eingesetzt als hinzugekauft wurden. Der Saldo des Kontos Warenbestand gibt Auskunft über die Höhe der Bestandsmehrung oder -minderung. Ein Saldo im Soll entspricht einer Bestandsmehrung, der Endbestand ist größer als der Anfangsbestand. Ein Saldo im Haben weist eine Bestandsminderung aus. Auch hier gilt wieder der Grundsatz, dass keine Buchung ohne Gegenbuchung erfolgen darf. Die Gegenbuchung ist auf dem Konto Wareneinkauf vorzunehmen.

S		Warenbestand	H
AB	10.500,00 €	EB (lt. Inventur)	10.810,00 €
Wareneinkauf (Bestandsmehrung)	310,00 €		
	10.810,00 €		10.810,00 €

S		Wareneinkauf	H
Lieferantenverbindlichkeiten	350,00 €	Lieferantenverbindlichkeiten (Rücksendung)	100,00 €
Lieferantenverbindlichkeiten	200,00 €	Warenbestand (Bestandsmehrung)	310,00 €

Das Wareneinkaufs- und das Warenbestandskonto hängen betriebswirtschaftlich durch die Bestandsveränderungen zusammen. Die Bestandsveränderungen korrigieren die Wareneinstandskosten (Wareneinkaufskosten und dazugehörige Anschaffungsnebenkosten) zu den tatsächlichen Wareneinsatzkosten durch Abzug der Bestandsmehrung bzw. Hinzurechnung der Bestandsminderung. Die tatsächlichen Wareneinsatzkosten ergeben sich als Saldo bei Abschluss des Kontos Wareneinkauf. Der Saldo des Kontos Warenverkauf weist die verkaufte Ware zu Verkaufspreisen aus. Die Konten Wareneinkauf und Warenverkauf sind reine Erfolgskonten und werden über das GuV-Konto abgeschlossen.

S — Wareneinkauf — H

S		H	
Lieferantenverbindlichkeiten	350,00 €	Lieferantenverbindlichkeiten (Rücksendung)	100,00 €
Lieferantenverbindlichkeiten	200,00 €	Warenbestand (Bestandsmehrung)	310,00 €
		GuV (Wareneinsatz)	140,00 €
	550,00 €		550,00 €

S — Warenverkauf — H

S		H	
GuV	177,00 €	Kasse	40,00 €
		Kasse	65,00 €
		Kasse	20,00 €
		Kasse	52,00 €
	177,00 €		177,00 €

S — GuV — H

S		H	
Wareneinkauf (Wareneinsatz)	140,00 €	Warenverkauf	177,00 €
Saldo = Warenrohgewinn	37,00 €		
	177,00 €		177,00 €

Der so ermittelte Warenrohgewinn ist übrigens eine wichtige Kennzahl für betriebliche Vergleiche im Rahmen der Betriebsstatistik. Abschließend soll die Verfahrensweise beim Buchen auf den Warenkonten noch einmal zusammengefasst werden.

Verfahrensweise beim Buchen auf Warenkonten und deren Abschluss:

1. Der Anfangsbestand laut Eröffnungsbilanz ist auf dem aktiven Bestandskonto Warenbestand im Soll zu buchen.
2. Einkäufe sind zu Einkaufspreisen auf dem Konto Wareneinkauf im Soll zu buchen. Rücksendungen an Lieferanten und gewährte Nachlässe sind im Haben zu buchen. Das Konto Wareneinkauf ist ein Aufwandskonto.
3. Verkäufe sind zu Verkaufspreisen auf dem Konto Warenverkauf im Haben zu buchen. Rücksendungen von Kunden und Erlösschmälerungen sind im Soll zu buchen. Das Konto Warenverkauf ist ein Ertragskonto.
4. Der Warenendbestand ist durch eine Inventur festzustellen und auf dem Konto Warenbestand zu buchen. Die dazugehörige Gegenbuchung erfolgt auf dem Schlussbilanzkonto.

5. Der Saldo des Kontos Warenbestand weist die Bestandsveränderung aus. Die Gegenbuchung erfolgt auf dem Konto Wareneinkauf.
6. Aufwands- und Ertragskonten sind über das GuV-Konto abzuschließen.
7. Das GuV-Konto ist über das Konto Eigenkapital abzuschließen.
8. Das Konto Eigenkapital und alle weiteren Bestandskonten sind über das Schlussbilanzkonto abzuschließen.

4.4.4 Übungen

Welche Angabe ist nicht aus den Warenkonten zu ersehen, wird aber für den Abschluss der Warenkonten benötigt? Wie wird sie ermittelt?

Im Wirtschaftsjahr betragen die Wareneinsatzkosten 30.000,00 €. Ermitteln Sie die Höhe der Wareneinkäufe (Wareneinstandspreis), wenn zum Bilanzstichtag
a) eine Bestandsmehrung von 7.500,00 €,
b) eine Bestandsminderung von 5.000,00 € vorliegt.

Richten Sie folgende Konten ein: Warenbestand, Wareneinkauf, Warenverkauf, Kundenforderungen, Lieferantenverbindlichkeiten, Eröffnungsbilanzkonto, GuV-Konto, Schlussbilanzkonto. Buchen Sie auf den entsprechenden Konten und schließen Sie die Warenkonten ab! Auf welchem Konto würde die Gegenbuchung zum Abschluss des GuV-Kontos erfolgen? Ermitteln Sie die Bestandsveränderung, den Wareneinsatz und den Warenrohgewinn!

1) Anfangsbestand Waren	45.000,00 €
2) Wareneinkauf auf Ziel	15.000,00 €
3) Wareneinkauf auf Ziel	2.000,00 €
4) Wareneinkauf auf Ziel	3.500,00 €
5) Warenverkauf auf Ziel	42.000,00 €
6) Warenverkauf auf Ziel	9.500,00 €
7) Warenendbestand lt. Inventur	39.500,00 €

4.5 Die Gewinn- und Verlustrechnung und ihre Gliederung

Die Gewinn- und Verlustrechnung ist nach § 242 HGB Bestandteil des Jahresabschlusses. Für Einzelunternehmen und Personengesellschaften ist keine besondere Gliederung der Gewinn- und Verlustrechnung vorgeschrieben. Kapitalgesellschaften sind aber nach § 275 HGB verpflichtet, die Gewinn- und Verlustrechnung in Staffelform nach dem Gesamtkostenverfahren oder nach dem Umsatzkostenverfahren aufzustellen.
Die Gliederung der Gewinn- und Verlustrechnung nach dem Gesamtkostenverfahren umfasst 20 Positionen. Dabei werden sämtliche Aufwendungen einer Abrechnungsperiode den erzielten Erträgen gegenübergestellt. Umsatzerlöse, Bestandsveränderungen und andere aktivierte Eigenleistungen bilden die Summe der betrieblich bedingten Erträge, die Gesamtleistung. Die Aufwendungen werden nach Arten gegliedert. Charakteristisch für die Gewinn- und Verlustrechnung nach dem Gesamtkostenverfahren sind neben den ausgewiesenen Bestandsveränderungen die Positionen Personalaufwand und Materialaufwand.
Aus dem Gesamtkostenverfahren ergibt sich folgendes vereinfachtes Gliederungsschema für das Ergebnis der eigentlichen Betriebstätigkeit:

	Umsatzerlöse
+/−	Bestandsveränderungen an fertigen und unfertigen Erzeugnissen
+	andere aktivierte Eigenleistungen
=	Gesamtleistung
+	sonstige betriebliche Erträge
−	Materialaufwand
=	Rohergebnis
−	Personalaufwand
−	Abschreibungen
−	sonstige betriebliche Aufwendungen
=	Ergebnis der eigentlichen Betriebstätigkeit

Die Gewinn- und Verlustrechnung nach dem Gesamtkostenverfahren lässt sich ohne Schwierigkeiten aus den Zahlen der Buchführung und mithilfe des Gewinn- und Verlustkontos erstellen.

Beim Umsatzkostenverfahren stellt man den Umsatzerlösen einer Abrechnungsperiode nur die Aufwendungen gegenüber, die zu diesen Umsätzen geführt haben. Es

werden also nicht alle Aufwendungen, die in einer Abrechnungsperiode entstanden sind, berücksichtigt. Bestandsveränderungen und aktivierte Eigenleistungen werden ebenfalls nicht aufgenommen. Die Gewinn- und Verlustrechnung nach dem Umsatzkostenverfahren führt aber zum gleichen Jahresergebnis.
Die Gliederung der Gewinn- und Verlustrechnung nach dem Umsatzkostenverfahren umfasst 19 Positionen. Charakteristisch für das Umsatzkostenverfahren ist der Ausweis der betrieblichen Kosten, aufgegliedert nach den Bereichen Herstellung, Vertrieb und allgemeine Verwaltung. Voraussetzung ist also eine Kostenstellenrechnung. Die Gewinn- und Verlustrechnung nach dem Umsatzkostenverfahren kann deshalb nicht ohne weiteres nur aus den Zahlen der Finanzbuchhaltung erstellt werden. Aus dem Umsatzkostenverfahren ergibt sich folgendes vereinfachtes Gliederungsschema für das Ergebnis der eigentlichen Betriebstätigkeit:

	Umsatzerlöse
–	Herstellungskosten der zur Erzielung der Umsatzerlöse erbrachten Leistungen
=	Bruttoergebnis vom Umsatz
+	sonstige betriebliche Erträge
=	Rohergebnis
–	Vertriebskosten
–	allgemeine Verwaltungskosten
–	sonstige betriebliche Aufwendungen
=	Ergebnis der eigentlichen Betriebstätigkeit

4.6 Zusammenfassende Übung

Sie haben nun das Prinzip der doppelten Buchführung kennen gelernt. Dazu gehören die wichtigsten handels- und steuerrechtlichen Grundlagen, die Inventurdurchführung, die Aufstellung von Inventar und Bilanz, das Buchen in Bestands- und Erfolgskonten sowie der Abschluss dieser Konten. Überprüfen und vertiefen Sie Ihr erworbenes Wissen durch folgende Übung!

Susanne Schneider führt eine Inventur durch. Das Inventar des Fachgeschäfts „Nadel und Faden" weist zum 31. Dezember folgende Bestände aus:

Firmenfahrzeug 4.250,00 €, Betriebs- und Geschäftsausstattung 12.200,00 €, Warenbestände 9.400,00 €, Kundenforderungen 600,00 €, Bankguthaben 7.000,00 €,

Kasse 400,00 €, Darlehensschulden 11.000,00 €, Lieferantenverbindlichkeiten 2.000,00 €.

1. Erstellen Sie eine Eröffnungsbilanz für das nachfolgende Wirtschaftsjahr!

2. Eröffnen Sie auf einem gesonderten T-Kontenblatt die Bestandskonten laut Eröffnungsbilanz und richten Sie folgende zusätzliche Konten ein:
Eröffnungsbilanzkonto, Wareneinkauf, Warenverkauf, Bürobedarf, Miete, Zinsaufwendungen, Abschreibungen, Privatentnahmen, GuV-Konto, Schlussbilanzkonto

3. Buchen Sie die nachstehenden Geschäftsvorfälle!
1) Warenverkauf gegen Barzahlung 500,00 €
2) Kunde überweist auf das Bankkonto 150,00 €
3) Kauf von Büromaterial 20,00 € gegen Barzahlung
4) Überweisung der Miete für die gemieteten Geschäftsräume 200,00 €
5) Kauf einer Telefonanlage gegen Rechnung 450,00 €
6) Überweisung des Versicherungsbeitrags für die Hausratsversicherung 500,00 €
7) Warenverkauf auf Rechnung 1.300,00 €
8) Kunde überweist auf das Bankkonto 300,00 €
9) Abbuchung einer Rückzahlungsrate für das Bankdarlehen 290,00 € (Tilgung 150,00 €, Zinsen 140,00 €)
10) Warenverkauf gegen Barzahlung 800,00 €
11) Bankeinzahlung 1.200,00 € aus der Geschäftskasse
12) Wareneinkauf auf Ziel 600,00 €
13) Rücksendung fehlerhafter Ware 300,00 €
14) Überweisung von 1.000,00 € auf das Privatkonto
15) Abschreibung auf das Firmenfahrzeug 750,00 € und auf die Betriebs- und Geschäftsausstattung 1.250,00 €

4. Der in einer Inventur festgestellte Warenbestand beträgt 8.300,00 €. Schließen Sie die Warenkonten über das GuV-Konto und das Schlussbilanzkonto ab und bestimmen Sie die Höhe des Wareneinsatzes!

5. Schließen Sie nun alle Konten über die Konten GuV-Konto, Eigenkapitalkonto und Schlussbilanzkonto ab!

6. Erstellen Sie eine Schlussbilanz!

7. Wie hoch ist der Warenrohgewinn und wie hoch ist der Jahresüberschuss/Jahresfehlbetrag?

5 Die Umsatzsteuer und ihre Behandlung in der Buchführung

5.1 Bemessungsgrundlage und Entstehung der Umsatzsteuer

Die Umsatzsteuer ist eine Verkehrssteuer. Die mit dieser Steuer in Zusammenhang stehenden Vorschriften sind im Umsatzsteuergesetz und in der Umsatzsteuer-Durchführungsverordnung geregelt. Die Umsatzsteuer-Richtlinien enthalten Auslegungsanweisungen.

Lieferungen und sonstige Leistungen, die ein Unternehmer im Inland im Rahmen seines Unternehmens gegen Entgelt ausführt, sind so genannte steuerbare Umsätze und unterliegen damit der Umsatzsteuer (§ 1 UStG). Gegenstand der Besteuerung ist also die Umsatztätigkeit. Unternehmer ist nach dem Umsatzsteuergesetz, wer eine gewerbliche oder berufliche Tätigkeit selbstständig ausübt. Dazu zählt jede nachhaltige Tätigkeit zur Erzielung von Einnahmen, auch wenn die Absicht, Gewinn zu erzielen, fehlt (§ 2 UStG).

Bemessungsgrundlage für die Erhebung der Umsatzsteuer ist das Entgelt. Entgelt ist alles, was der Leistungsempfänger aufwendet, um die Leistung zu erhalten, jedoch abzüglich der Umsatzsteuer (§ 10 UStG).

Steuergegenstand ist die ausgeführte Lieferung oder Leistung.
Bemessungsgrundlage ist das Entgelt (ohne Umsatzsteuer).
Es gilt: Entgelt × Steuersatz = Umsatzsteuerschuld

Der Regelsteuersatz beträgt zurzeit 16% der Bemessungsgrundlage (§ 12 Abs. 1 UStG).

Für einige Umsätze, beispielsweise für Nahrungsmittel, Bücher, in der Tier- und Pflanzenzucht, gilt ein ermäßigter Steuersatz von 7% (§ 12 Abs. 2 UStG). Land- und forstwirtschaftliche Betriebe können ihre Umsätze nach besonderen Durchschnittssätzen des § 24 Abs. 1 UStG versteuern.

Die Umsatzsteuer ist auch eine indirekte Steuer, sie belastet nicht den Unternehmer, sondern allein den Endverbraucher. Der Unternehmer ist jedoch Steuerschuldner. Er vereinnahmt die Umsatzsteuer und führt sie an das Finanzamt ab. Die an sein Unternehmen für Lieferungen und Leistungen von anderen Unternehmern in Rechnung gestellte Umsatzsteuer kann er als so genannte Vorsteuer von seiner Steuerschuld absetzen (Vorsteuerabzug nach § 15 Abs. 1 UStG):

Umsatzsteuer – Vorsteuer = Umsatzsteuer-Zahllast

Beispiel:

Susanne Schneider bezieht vom Großhändler Ware im Wert von 350,00 €. Bemessungsgrundlage für die Umsatzsteuer, die der Großhändler dem Finanzamt schuldet, ist das Entgelt in Höhe von 350,00 €. Mit einem Steuersatz von 16% ergibt sich ein Umsatzsteuerbetrag von 350,00 € × 16% = 56,00 €. Dieser Umsatzsteuerbetrag ist auf der Rechnung des Großhändlers ausgewiesen. Susanne Schneider hat gegenüber dem Großhändler eine Verbindlichkeit aus der Warenlieferung in Höhe von insgesamt (350,00 € + 56,00 € =) 406,00 €.
Susanne Schneider verkauft an ihre Kunden Waren zu einem Verkaufspreis von insgesamt 750,00 € zuzüglich 16% Umsatzsteuer = 120,00 €. Sie nimmt bei diesen Barverkäufen also 870,00 € ein und schuldet dem Finanzamt 120,00 € Umsatzsteuer. Bei der Festlegung der Verkaufspreise muss Susanne Schneider diese Umsatzsteuerbeträge berechnen und berücksichtigen. Allerdings kann sie von der Umsatzsteuerschuld die ihrem Unternehmen in Rechnung gestellte Umsatzsteuer absetzen und muss nur 120,00 € – 56,00 € = 64,00 € als Zahllast an das Finanzamt abführen.
Die Kunden des Fachgeschäfts „Nadel und Faden" sind Endverbraucher. Da sie keine Unternehmer sind, die die Waren für ihr Unternehmen beschafft haben, können sie die ihnen in Rechnung gestellte Umsatzsteuer nicht vom Finanzamt zurückfordern. Die Endverbraucher tragen letztendlich die Umsatzsteuer.

Nach § 4 UStG sind bestimmte Lieferungen und sonstige Leistungen aus wirtschafts- oder aus sozialpolitischen Gründen steuerfrei, es wird keine Umsatzsteuer erhoben. Bei den Steuerbefreiungen nach § 4 Nr. 1–7 UStG bleibt das Recht auf Vorsteuerabzug erhalten. Dazu gehören Umsätze aus innergemeinschaftlichen Lieferungen und Umsätze aus Exportgeschäften. Bei den Steuerbefreiungen nach § 4 Nr. 8–28 UStG geht aber das Recht auf Vorsteuerabzug verloren. Zu diesen steuerbefreiten Umsätzen gehören beispielsweise Umsätze aus Vermietungen und Verpachtungen von Grundstücken, Umsätze aus der Tätigkeit als Arzt, Zahnarzt, Krankengymnast, Hebamme oder in ähnlichen Heilberufen.

In § 4 Nr. 12 UStG wird ausdrücklich darauf hingewiesen, dass folgende Umsätze nicht steuerbefreit sind:

- die Vermietung von Wohn- und Schlafräumen zur kurzfristigen Beherbergung von Fremden, beispielsweise in Hotels, Ferienhäusern und Pensionen
- die Vermietung von Plätzen für das Abstellen von Fahrzeugen, beispielsweise Parkplätze, Parkhäuser, Tiefgaragen, Bootsanlegeplätze, Flugzeughallen
- die kurzfristige Vermietung auf Campingplätzen
- die Vermietung und Verpachtung von Maschinen und sonstigen Betriebsvorrichtungen

Bei bestimmten Leistungen kann der Unternehmer nach § 9 UStG auf die Steuerbefreiung des Umsatzes verzichten, wenn er die Lieferung oder Leistung an einen anderen Unternehmer für dessen Unternehmen ausgeführt hat. Dadurch wird der Vorsteuerabzug nicht mehr ausgeschlossen.

Beispiel:

Susanne Schneider hat Räume gemietet, in denen sie ihr Ladengeschäft „Nadel und Faden" eingerichtet hat. Die Vermietung von Grundstücken und Gebäudeteilen ist nach § 4 Nr. 12 UStG ein steuerfreier Umsatz. Allerdings kann der Vermieter bei erforderlich werdenden Umbau- und Instandsetzungsarbeiten die ihm von anderen Unternehmen in Rechnung gestellten Umsatzsteuerbeträge nicht mehr als abziehbare Vorsteuerbeträge geltend machen.
Da der Vermieter das Ladengeschäft an einen anderen Unternehmer, nämlich Susanne Schneider, für dessen Unternehmen „Nadel und Faden" vermietet hat, kann er auf die Umsatzsteuerbefreiung verzichten und eine Miete von 250,00 € zuzüglich 16% Umsatzsteuer = 40,00 € vereinbaren. Dadurch erlangt der Vermieter die Möglichkeit, bei Instandsetzungsarbeiten den Vorsteuerabzug geltend zu machen. Auch Susanne Schneider wird durch die ihr in Rechnung gestellte Umsatzsteuer nicht belastet, da sie diese ebenfalls als Vorsteuer von ihrer Umsatzsteuerschuld absetzen kann.

Bei Kleinunternehmern wurde die Umsatzsteuer für steuerpflichtige Lieferungen und Leistungen nicht erhoben, wenn der Gesamtumsatz zuzüglich der darauf entfallenden Steuer im vorangegangenen Kalenderjahr nicht mehr als 16.620 € betragen hat und im laufenden Kalenderjahr voraussichtlich nicht mehr als 50.000 € betragen wird (§ 19 UStG). Mit dem Gesetz zur Förderung von Kleinunternehmen und zur Verbesserung der Unternehmensfinanzierung erfolgte rückwirkend zum 1. Januar 2003 eine Anhebung des Grenzbetrags von 16.620 € auf 17.500 €.

Diese Kleinunternehmer im Sinne des Umsatzsteuergesetzes sind grundsätzlich nicht berechtigt:

- in Rechnungen die Umsatzsteuer auszuweisen (siehe Kap. 5.3),
- an andere Unternehmer entrichtete Umsatzsteuer als Vorsteuern abzuziehen bzw. vom Finanzamt zurückzufordern.

Kleinunternehmer müssen nur die Werte der erhaltenen Gegenleistung, das ist grundsätzlich der vereinnahmte Preis für die von ihnen ausgeführten Lieferungen oder sonstigen Leistungen, aufzeichnen (Abschn. 258 UStR i.V.m. § 65 UStDV). Obwohl keine Umsatzsteuer abgeführt wird, ist eine Aufzeichnung der Betriebseinnahmen für eine spätere Beurteilung der Umsatzsteuerpflicht erforderlich. Kleinunternehmer, die ihren Gewinn entweder durch den Betriebsvermögensvergleich oder durch eine Einnahmenüberschussrechnung ermitteln, können gegenüber dem Finanzamt erklären, dass sie auf die Anwendung der Regelung nach § 19 UStG verzichten. Der Kleinunternehmer unterliegt dann der Besteuerung nach den allgemeinen Vorschriften des Umsatzsteuergesetzes (Abschn. 247 UStR). Er ist fünf Jahre an diese Verzichtserklärung gebunden.

! Bei Anwendung der Kleinunternehmer-Regelung ist ein Abzug der an andere Unternehmen gezahlten Umsatzsteuerbeträge ausgeschlossen. Diese Beträge sind dann direkt auf den Aufwandskonten bzw. Anlagekonten zu buchen. Aufwendungen schmälern Ihren Gewinn. Schätzen Sie durch eine vorausschauende Rechnung ab, ob Sie die Kleinunternehmer-Regelung anwenden möchten oder ob eventuell eine Verzichtserklärung gegenüber dem Finanzamt günstiger ist.

5.2 Mindestbestandteile von Rechnungen gemäß Umsatzsteuerrecht

Führt der Unternehmer Lieferungen oder sonstige Leistungen aus, ist er berechtigt und, soweit er Umsätze an einen anderen Unternehmer für dessen Unternehmen ausführt, auf dessen Verlangen verpflichtet, Rechnungen auszustellen (§ 14 Abs. 1 UStG). In diesen Rechnungen müssen bestimmte Angaben enthalten sein.

Mindestbestandteile von Rechnungen gemäß § 14 Abs. 1 UStG:

1. Name und Anschrift des leistenden Unternehmers
2. Name und Anschrift des Leistungsempfängers
3. Menge und handelsübliche Bezeichnung des Gegenstands der Lieferung oder Art und Umfang der sonstigen Leistung

4. Zeitpunkt der Lieferung oder der sonstigen Leistung
5. das Entgelt für die Lieferung oder sonstige Leistung
6. den auf das Entgelt entfallenden Steuerbetrag, der gesondert auszuweisen ist, oder einen Hinweis auf die Steuerbefreiung

Diese Angaben können auch in anderen Unterlagen enthalten sein, wenn eine leichte Nachprüfbarkeit gewährleistet ist. Auf der Rechnung muss angegeben sein, welche anderen Unterlagen die ergänzenden Angaben enthalten (§ 31 UStDV).
Außerdem hat der leistende Unternehmer in der Rechnung auch die ihm vom Finanzamt erteilte Steuernummer anzugeben (§ 14 Abs. 1a UStG).
Rechnungen, deren Gesamtbetrag 100 € nicht übersteigt, sind so genannte Kleinbetragsrechnungen.

Mindestbestandteile von Rechnungen über Kleinbeträge bis 100 € gemäß § 33 UStDV:

1. Name und die Anschrift des leistenden Unternehmers
2. Menge und handelsübliche Bezeichnung des Gegenstands der Lieferung oder Art und Umfang der sonstigen Leistung
3. das Entgelt und den Steuerbetrag für die Lieferung oder sonstige Leistung in einer Summe
4. Steuersatz

Zum Beispiel geltenFahrausweise nach § 34 UStDV als Rechnungen, wenn mindestens folgende Angaben enthalten sind:
1. der Name und die Anschrift des Beförderungsunternehmens,
2. das Entgelt und der Steuerbetrag in einer Summe,
3. der Steuersatz, wenn die Beförderungsleistung nicht dem ermäßigten Steuersatz unterliegt.

! Auf den Rechnungen finden Sie selten den Begriff Umsatzsteuer, dafür aber die Angabe Mehrwertsteuer oder die dafür verwendete Abkürzung MwSt. Die so ausgewiesene Mehrwertsteuer weist für den leistenden Unternehmer die Umsatzsteuerschuld aus, für den Leistungsempfänger die Höhe der abziehbaren Vorsteuer.

5.3 Vorsteuerabzug

Unternehmer, die mit Umsatzsteuerbeträgen nach dem Umsatzsteuergesetz belastet werden, können die in Rechnungen für Lieferungen und sonstige Leistungen an ihr Unternehmen gesondert ausgewiesene Umsatzsteuer als abziehbaren Vorsteuerbetrag gegenüber dem Finanzamt geltend machen. Vorsteuerbeträge stellen eine Forderung des Unternehmers gegenüber dem Finanzamt dar und werden demzufolge im Soll gebucht.
Die Berechtigung zum Vorsteuerabzug aus Lieferungen und sonstigen Leistungen bezieht sich ausschließlich auf die unternehmerische Tätigkeit.

Voraussetzungen für die Berechtigung zum Vorsteuerabzug (Abschn. 192 UStR):

1. Für eine empfangene Lieferung oder sonstige Leistung wurde die Umsatzsteuer gesondert in Rechnung gestellt.
2. Die empfangene Lieferung oder sonstige Leistung wurde von einem anderen Unternehmer ausgeführt.
3. Der Leistungsempfänger ist Unternehmer.
4. Die Lieferung oder sonstige Leistung wurde für das Unternehmen des Leistungsempfängers ausgeführt.

Dabei sollte beachtet werden, dass Vorsteuerbeträge, die auf die Anschaffung oder Miete eines Firmenfahrzeugs entfallen, das auch für den privaten Bedarf des Unternehmers genutzt wird, nur zu 50% abziehbar sind (§ 15 Abs. 1b UStG).

Für den Vorsteuerabzug muss eine Rechnung das Entgelt und den Steuerbetrag getrennt ausweisen. Die Angabe des Entgelts als Grundlage des gesondert ausgewiesenen Steuerbetrags ist zwingend erforderlich. Darauf sollten Sie achten.

Erhaltene Lieferungen und sonstige Leistungen, die der Unternehmer zur Ausführung steuerfreier Umsätze nach § 4 Nr. 8 bis 28 UStG verwendet, sind vom Vorsteuerabzug ausgeschlossen.
Kleinunternehmer, die der Sonderregelung des § 19 UStG unterliegen, sind – wie bereits erwähnt – nicht zum Vorsteuerabzug berechtigt.
Zur Vereinfachung des Besteuerungsverfahrens enthält § 23 UStG eine Sonderregelung. Danach können Unternehmer, bei denen hinsichtlich der Besteuerungsgrundlagen annähernd gleiche Verhältnisse vorliegen, die nicht buchführungs-

pflichtig sind und deren Umsatz im vorangegangenen Kalenderjahr 61.356 € nicht übersteigt, die abziehbaren Vorsteuerbeträge nach allgemeinen Durchschnittssätzen berechnen. Die Durchschnittssätze werden in der Anlage zu §§ 69 und 70 UStDV aufgeführt.

5.4 Buchen von Ein- und Ausgangsrechnungen

In Ein- und Ausgangsrechnungen können neben dem eigentlichen Preis für eine erbrachte Lieferung und Leistung sofort gewährte Rabatte oder Preisnachlässe ausgewiesen oder aber auch weitere Kosten, beispielsweise Lagerzuschläge, Fracht, Verpackung oder Transportversicherung, in Rechnung gestellt werden.
Bemessungsgrundlage für die Umsatzsteuer ist – wie in Kap. 5.1 beschrieben – das Entgelt. Dazu gehört außer der Umsatzsteuer alles, was der Leistungsempfänger aufwendet, um die Leistung zu erhalten.
Rabattgewährungen mindern das Entgelt. In Rechnung gestellte Nebenkosten wie Lagerzuschläge, Verpackungs- und Versandkosten erhöhen die Bemessungsgrundlage für die zu berechnende Umsatzsteuer.

Beispiel:

Der Großhändler hat für die Lieferung des Stoffs an das Fachgeschäft „Nadel und Faden“ folgende Rechnung gestellt:

2 Stoffballen á 20 m	340,00 €
– 10% Rabatt	34,00 €
+ Frachtkosten	30,00 €
+ Versicherung	14,00 €
= Nettobetrag	350,00 €
+ 16% Mehrwertsteuer	56,00 €
= Rechnungsendbetrag	406,00 €

Auf der Grundlage dieser Rechnung bildet Susanne Schneider zunächst den Buchungssatz für diesen Geschäftsvorfall. Dabei wird das bisher nicht verwendete Konto Vorsteuer benutzt. Dieses Konto ist ein aktives Bestandskonto und weist die Forderungen gegenüber dem Finanzamt aus.

S Wareneinkauf	350,00 €
S Vorsteuer	56,00 €
H Verbindlichkeiten	406,00 €

Danach nimmt Susanne Schneider die Buchung auf den entsprechenden Konten vor:

S	Wareneinkauf H
Verbindlichkeiten aLuL 350,00 €	

S	Vorsteuer H
Verbindlichkeiten aLuL 56,00 €	

S	Verbindlichkeiten aLuL H
	Wareneinkauf/VSt 406,00 €

Sofort gewährte Rabatte werden nicht gesondert gebucht. Die in Rechnung gestellten Kosten für Fracht und Versicherung sind durch den Bezug der Waren entstanden und können direkt auf dem Wareneinkaufskonto gebucht werden. Es ist aber auch möglich, diese Anschaffungsnebenkosten auf Unterkonten des Kontos Wareneinkauf zu buchen. Da die Anschaffungsnebenkosten den Warenwert erhöhen, sind diese Unterkonten dann zum Bilanzstichtag über das Wareneinkaufskonto abzuschließen:

S	Wareneinkauf H
Verbindlichkeiten aLuL 306,00 €	

S	Anschaffungsnebenkosten WEK H
Verbindlichkeiten aLuL 44,00 €	

S	Vorsteuer H
Verbindlichkeiten aLuL 56,00 €	

S	Verbindlichkeiten aLuL H
	Wareneinkauf ANK/VSt 406,00 €

Susanne Schneider verkauft nun an ihre Kunden Waren zu einem Verkaufspreis von insgesamt 750,00 € zuzüglich 16% Umsatzsteuer = 120,00 €. Sie nimmt bei diesen Barverkäufen also 870,00 € ein. Im Folgenden sind die Buchungen dargestellt. Dabei wird das neue Konto Umsatzsteuer benutzt. Es ist ein passives Bestandskonto und weist die Verbindlichkeiten gegenüber dem Finanzamt aus.

S	Kasse	H
1)	174,00 €	
2)	116,00 €	
3)	162,40 €	
4)	185,60 €	
5)	116,00 €	
6)	92,80 €	
7)	23,20 €	

S	Warenverkauf	H
	1)	150,00 €
	2)	100,00 €
	3)	140,00 €
	4)	160,00 €
	5)	100,00 €
	6)	80,00 €
	7)	20,00 €

S	Umsatzsteuer	H
	1)	24,00 €
	2)	16,00 €
	3)	22,40 €
	4)	25,60 €
	5)	16,00 €
	6)	12,80 €
	7)	3,20 €

Nach § 22 UStG ist der Unternehmer verpflichtet, zur Feststellung der Besteuerungsgrundlagen Aufzeichnungen zu machen. Für die vom Unternehmer ausgeführten Lieferungen oder sonstige Leistungen sind die vereinbarten Entgelte für steuerpflichtige Umsätze, getrennt nach Steuersätzen, und für steuerfreie Umsätze aufzuzeichnen.

In der Praxis werden Sie sich sicherlich nicht für ein manuelles Buchführungsverfahren entscheiden, sondern eine geeignete Software anwenden. Beim Einrichten der Konten müssen Sie dann beispielsweise für die Warenverkaufskonten Steuerschlüssel, das sind programmabhängige Kennziffern für Umsatzsteuer 16% (bzw. für Umsatzsteuer 7%), auswählen und hinterlegen. Später buchen Sie nur die Bruttobeträge für den jeweiligen Warenverkauf. Die Berechnung und Aufteilung der Beträge auf die Konten Warenverkauf und Umsatzsteuer übernimmt das Buchführungsprogramm.

5.5 Bemessungsgrundlage für unentgeltliche Wertabgaben

Unentgeltliche Wertabgaben sind die unentgeltliche Entnahme von Gegenständen sowie die unentgeltliche Abgabe oder Ausführung von sonstigen Leistungen.
Die Entnahme betrieblicher Gegenstände wie beispielsweise Anlagegüter, Waren oder Erzeugnisse durch den Unternehmer für private oder andere Zwecke, die außerhalb des Unternehmens liegen, wird nach § 3 Abs. 1b UStG einer Lieferung

gegen Entgelt gleichgestellt. Das gilt auch für eine unentgeltliche Sachzuwendung an einen Arbeitnehmer für dessen privaten Bedarf.

Es handelt sich dabei also um einen steuerpflichtigen Umsatz. Als Bemessungsgrundlage ist der Einkaufspreis zuzüglich der Nebenkosten für den Gegenstand oder für einen gleichartigen Gegenstand oder die Selbstkosten jeweils zum Zeitpunkt des Umsatzes aufzuzeichnen (Abschn. 256 UStR).

Beispiel:

Susanne Schneider verwendet aus ihrem Warenangebot 2,00 m Stoff für private Zwecke.
Der Verkaufspreis beträgt 12,00 €/m (einschließlich Umsatzsteuer). Aus der Rechnung des Lieferanten kann ermittelt werden, dass der Einkaufspreis 7,65 €/m und die anteiligen Anschaffungsnebenkosten 1,10 € (jeweils ohne Umsatzsteuer) betragen. Die Entnahme ist einer Lieferung gegen Entgelt gleichgestellt und umsatzsteuerpflichtig. Die Bemessungsgrundlage für die Umsatzsteuer beträgt:

2,00 m × (7,65 €/m + 1,10 €/m) = 17,50 €.

Die darauf zu berechnende Umsatzsteuer beträgt:

16% × 17,50 € = 2,80 €.

Die Entnahme ist wie folgt zu buchen:

S Privatentnahme	20,30 €
H Entnahme von Gegenständen	17,50 €
H Umsatzsteuer	2,80 €

Auch die Verwendung eines dem Unternehmen zugeordneten Gegenstands oder die unentgeltliche Ausführung einer sonstigen Leistung durch einen Unternehmer für Zwecke, die außerhalb des Unternehmens liegen, oder die Verwendung eines Gegenstands für den privaten Bedarf seiner Arbeitnehmer sind einer sonstigen Leistung gegen Entgelt gleichgestellt (§ 3 Abs. 9a UStG). Dazu gehören beispielsweise Reparatur- oder Reinigungsarbeiten für den Haushalt des Unternehmers durch den eigenen Betrieb.

Für die unentgeltliche Ausführung der sonstigen Leistungen sind die jeweils entstandenen Kosten aufzuzeichnen. Sie bilden die Bemessungsgrundlage für die Umsatzsteuer.

Die Privatnutzung eines betrieblichen Fahrzeugs, bei dessen Anschaffung Vorsteuerbeträge nur zu 50% abziehbar waren, wird nicht einer sonstigen Leistung gegen Entgelt gleichgestellt. Die Bewertung der privaten Fahrzeugnutzung erfolgt nach der so genannten „1%-Regelung" und wird bei der Ermittlung des Gewinns als Privatentnahme berücksichtigt, sie ist jedoch nicht umsatzsteuerpflichtig.

5.6 Umsatzsteuerverprobung

Zur Überprüfung der Daten für die Umsatzsteuer-Voranmeldung wird die Summe der umsatzsteuerpflichtigen Nettoentgelte, die dem gleichen Steuersatz unterliegen, mit dem dazugehörigen Steuersatz multipliziert und mit dem Saldo des Kontos Umsatzsteuer verglichen. Diesen Vorgang nennt man Umsatzsteuerverprobung.

X Beispiel:

Zur Umsatzsteuerverprobung addiert Susanne Schneider die Umsätze, die dem gleichen Steuersatz von 16% unterliegen:

umsatzsteuerpflichtige Nettoentgelte Konto Warenverkauf	750,00 €
umsatzsteuerpflichtige Nettoentgelte Konto Entnahme von Gegenständen	17,50 €
Summe der umsatzsteuerpflichtigen Nettoentgelte	767,50 €

Summe der Entgelte 767,50 € × Steuersatz 16% = Saldo Konto Umsatzsteuer 122,80 €.
(Die Buchung der Umsatzsteuer von 2,80 € für die Privatentnahme wurde auf dem Konto Umsatzsteuer auf S. 83 nicht dargestellt.)

Zwischen dem Saldo und der aus den dazugehörigen umsatzsteuerpflichtigen Nettoentgelten errechneten Steuer dürfen nur Centdifferenzen bestehen, die durch Rundungen verursacht worden sind. Bei darüber hinausgehenden Abweichungen muss die Fehlerursache gesucht und beseitigt werden. Auch bei Einsatz eines EDV-Programms ist die Fehlersuche oftmals zeitraubend oder schwierig. Folgende Checkliste nennt mögliche Fehlerursachen und Korrekturen.

Mögliche Fehlerursache	Fehlerkorrektur
Für ein Erlöskonto wurde die Position der Umsatzsteuer-Voranmeldung nicht oder falsch zugeordnet.	Zuordnung in den Erlöskonten prüfen und Stammdaten ergänzen oder korrigieren.
Beim Buchen von Erlösen wurde ein falscher Steuerschlüssel verwendet.	Fehlerhafte Buchung stornieren und neu buchen.
Bei so genannten Splittingbuchungen wurden Nettobeträge auf Erlöskonten, denen ein anderer Steuersatz zugeordnet ist, gebucht.	Buchungsjournal durchsehen und Nettobetrag auf das entsprechende Erlöskonto umbuchen.
Der Umsatzsteuerbetrag wurde versehentlich auf ein anderes Konto gebucht.	Buchungsjournal durchsehen und Betrag umbuchen (siehe zum Buchungsjournal Kap. 7.4.1, S. 114)

5.7 Ermittlung der Zahllast und Abführung der Umsatzsteuer

Die Steuer ist grundsätzlich nach vereinbarten Entgelten zu berechnen und entsteht für Lieferungen und sonstige Leistungen mit Ablauf des Voranmeldungszeitraums, in dem die Leistungen ausgeführt worden sind (§ 13 Abs. 1 Nr. 1a UStG). Die Umsatzsteuer fällt somit mit der Leistungserbringung an, egal, ob dafür bereits ein Entgelt zugeflossen ist oder nicht (Sollversteuerung).

Dieser Grundsatz gilt beispielsweise auch uneingeschränkt für Bauleistungen (BMF-Schreiben vom 30.7.1997 IV C 3 – S7270 – 8/97): Werden für Bauleistungen Einheitspreise vereinbart, erfordert die Ermittlung des Entgelts oftmals längere Zeit und die Schlussrechnung wird i. Allg. mehrere Monate nach der Leistungsausführung, also nach Entstehung der Steuerschuld, erteilt. In diesen Fällen ist das Entgelt für die erbrachte Bauleistung zu schätzen, z.B. anhand eines Angebots oder eines Kostenvoranschlags. Weicht die Schlussrechnung vom geschätzten Entgelt ab, so ist der geschuldete Steuerbetrag zu berichtigen.

Das Finanzamt kann auf Antrag gestatten, dass ein Unternehmer,

1. dessen Gesamtumsatz in vorangegangenen Kalenderjahr nicht mehr als 125.000 € (in den neuen Bundesländern bis 31.12.2004 500.000 €) betragen hat, oder

2. der nach § 148 AO von der Pflicht zur doppelten Buchführung befreit ist, oder
3. soweit er Umsätze aus einer Tätigkeit als Angehöriger eines freien Berufs im Sinne des § 18 EStG ausführt,

die Steuer nach vereinnahmten Entgelten (Istversteuerung) berechnet (§ 20 UStG).

Wird die Steuer nach vereinnahmten Entgelten berechnet, so entsteht die Steuer mit Ablauf des Voranmeldungszeitraums, in dem die Entgelte vereinnahmt worden sind (§ 13 Abs. 1 Nr. 1b UStG). Auch bei vereinnahmten Entgelten vor Ausführung einer Leistung oder Teilleistung entsteht die Steuerschuld mit der Vereinnahmung. Voranmeldungszeiträume sind das Kalendervierteljahr oder der Kalendermonat.

Regelfall und besondere Fälle	Voranmeldungszeitraum
Regelfall	Kalendervierteljahr
Die zu entrichtende Steuer für das vorangegangene Kalenderjahr beträgt mehr als 6.136 €.	Kalendermonat
Aufnahme der beruflichen oder gewerblichen Tätigkeit als Unternehmer	Kalendermonat (im laufenden und im folgenden Kalenderjahr)

Der Unternehmer hat bis zum 10. Tag nach Ablauf jedes Voranmeldungszeitraums eine Voranmeldung nach amtlich vorgeschriebenem Vordruck abzugeben, in der er die Steuer für den Voranmeldungszeitraum (Vorauszahlung) selbst zu berechnen hat (§ 18 UStG).

Die an das Finanzamt abzuführende Umsatzsteuer-Zahllast ergibt sich aus der Differenz zwischen der Summe der Umsatzsteuerbeträge aus Entgelten für erbrachte Lieferungen und Leistungen und der Summe der Vorsteuerbeträge, die dem Unternehmen mit den Entgelten für erhaltene Lieferungen und Leistungen in Rechnung gestellt und gesondert ausgewiesen worden sind.

	Umsatzsteuerbeträge für Umsätze aus erbrachten Lieferungen und sonstigen Leistungen
–	abziehbare Vorsteuerbeträge aus Rechnungen von anderen Unternehmern
=	Umsatzsteuer-Zahllast

Die Zahllast ist also der Differenzbetrag zwischen den Umsatzsteuerverbindlichkeiten gegenüber dem Finanzamt und den Forderungen gegenüber dem Finanzamt aus Vorsteuerbeträgen. Während des Kalenderjahrs wird die Zahllast sowohl bei manueller Buchführung als auch bei Einsatz eines EDV-Buchführungsprogramms nur rechnerisch ermittelt. Es erfolgen in diesem Zusammenhang keine Buchungen oder Umbuchungen auf den Konten Umsatzsteuer und Vorsteuer.

Beispiel:

Susanne Schneider hat bereits den sich für den Voranmeldungszeitraum ergebenden Saldo des Kontos Umsatzsteuer bestimmt. Er beträgt 122,80 €. Nun ermittelt sie noch rechnerisch den entsprechenden Saldo des Kontos Vorsteuer. Er beträgt 96,00 € (56,00 € + 40,00 €; die Buchung der Vorsteuer von 40,00 € für die Miete wurde auf dem Konto Vorsteuer auf S. 82 nicht dargestellt.)

Umsatzsteuer für Umsätze	122,80 €
– abziehbare Vorsteuerbeträge	96,00 €
= Umsatzsteuer-Zahllast	26,80 €

Susanne Schneider füllt die amtliche Umsatzsteuer-Voranmeldung aus, die sie an das Finanzamt schickt. Den Betrag der errechneten Umsatzsteuer-Vorauszahlung überweist sie fristgemäß.

Der Zahlungsvorgang wird auf dem Konto Umsatzsteuer-Vorauszahlungen gebucht. Der dazugehörige Buchungsbeleg ist der Bankauszug. Der Buchungssatz lautet:

S Umsatzsteuer-Vorauszahlungen	26,80 €
H Bank	26,80 €

Ergibt sich ein Vorsteuer-Überschuss, besteht eine Forderung gegenüber dem Finanzamt. In diesem Fall ist die Umsatzsteuer-Voranmeldung mit einem negativen Betrag abzugeben. Wenn das Finanzamt den Betrag überwiesen hat, ist wie folgt zu buchen:
S Bank
H Umsatzsteuer-Vorauszahlungen

Das Finanzamt kann den Unternehmer von der Verpflichtung zur Abgabe der Voranmeldung und zur Entrichtung der Vorauszahlungen befreien, wenn die zu entrichtende Steuer für das vorangegangene Kalenderjahr nicht mehr als 512 € beträgt.

Die Einordnung der Unternehmer in die verschiedenen Abgabegruppen wird vom Finanzamt spätestens bis Ende Februar jedes Kalenderjahrs anhand der Vorjahreswerte vorgenommen (Abschn. 225a Abs. 3 UStR).
Auch die Vorauszahlung ist am 10. Tag nach Ablauf des Voranmeldungszeitraums fällig (§ 18 UStG).

! Bei verspäteter Abgabe der Umsatzsteuer-Voranmeldung kann ein Verspätungszuschlag festgesetzt werden, der bis zu 10% der festgesetzten Steuer und bis zu 25.000 € betragen kann (§ 152 AO). Die bisher eingeräumte Abgabe-Schonfrist bis zu fünf Tage ist für nach dem 1.1.2004 endende Voranmeldungszeiträume aufgehoben worden.

Der Unternehmer kann für die Abgabe der Umsatzsteuer-Voranmeldungen und für die Entrichtung der Vorauszahlungen eine Dauerfristverlängerung von einem Monat beantragen und in Anspruch nehmen, solange das Finanzamt den Antrag nicht ablehnt (§ 46 UStDV, Abschn. 228 UStR). Der Antrag auf Dauerfristverlängerung und der dazugehörige Antrag auf Sondervorauszahlung ist auf einem amtlichen Vordruck vorzunehmen.

! Beantragen Sie eine Dauerfristverlängerung.

Der Antrag auf Dauerfristverlängerung braucht nicht jährlich wiederholt zu werden. Die Sondervorauszahlung muss nur von Unternehmen, die ihre Voranmeldungen monatlich abzugeben haben, für jedes Kalenderjahr bis zum 10. Februar berechnet, angemeldet und entrichtet werden. Die Sondervorauszahlung beträgt ein Elftel der Summe der Vorauszahlungen für das vorangegangene Kalenderjahr und ist in der Regel bei der Umsatzsteuer-Vorauszahlung für den Monat Dezember anzurechnen (§§ 47, 48 UStDV, Abschn. 228 UStR). In den Voranmeldungsvordrucken ist dafür eine besondere Zeile vorgesehen.
In jedem Fall ist für das Kalenderjahr eine Umsatzsteuererklärung nach amtlich vorgeschriebenem Vordruck abzugeben (§§ 16 und 18 UStG).

5.8 Umsatzsteuer und Vorsteuer am Jahresende

Am Jahresende sind die Konten Umsatzsteuer und Vorsteuer über das Konto Umsatzsteuer-Vorauszahlungen abzuschließen. Stellvertretend für eine Vielzahl von

Buchungen, die während des Jahrs auf den Konten Umsatzsteuer und Vorsteuer vorgenommen worden sind, werden im Beispiel jeweils drei Werte dargestellt. Ist das Kalendervierteljahr Voranmeldungszeitraum, so sind während des Jahrs auf dem Konto Umsatzsteuer-Vorauszahlungen vier Buchungen erfasst worden.

Beispiel:

Die Buchungssätze für den Abschluss der Konten lauten:

S Umsatzsteuer	4.775,00 €	S USt-Vorauszahlungen	2.825,00 €
H USt-Vorauszahlungen	4.775,00 €	H Vorsteuer	2.825,00 €

S	Umsatzsteuer	H
USt-Vorauszahlung	4.775,00 €	1.260,00 €
		2.475,00 €
		1.040,00 €
	4.775,00 €	4.775,00 €

S	Vorsteuer	H
850,00 €	USt-Vorauszahlung	2.825,00 €
1.375,00 €		
600,00 €		
2.825,00 €		2.825,00 €

S	USt-Vorauszahlungen		H
	300,00 €	Umsatzsteuer	4.775,00 €
	375,00 €		
	400,00 €		
	425,00 €		
Vorsteuer	2.825,00 €		

Als Saldo auf dem Konto Umsatzsteuer-Vorauszahlungen ergibt sich die am Jahresende noch nicht abgeführte Zahllast. Das Konto Umsatzsteuer-Vorauszahlungen ist nun über das Konto Umsatzsteuer laufendes Jahr abzuschließen:

S USt-Vorauszahlungen	450,00 €
H Umsatzsteuer lfd. Jahr	450,00 €

Die sich hier ergebende Verbindlichkeit aus Steuern ist in der Schlussbilanz unter der Passivposition „Sonstige Verbindlichkeiten, davon aus Steuern“ auszuweisen. Man spricht von Passivierung der Umsatzsteuer.

S	USt-Vorauszahlungen		H
	300,00 €	Umsatzsteuer	4.775,00 €
	375,00 €		
	400,00 €		
	425,00 €		
Vorsteuer	2.825,00 €		
USt lfd. Jahr	450,00 €		
	4.775,00 €		4.775,00 €

S	Umsatzsteuer laufendes Jahr		H
		USt-Vorauszahlung	450,00 €

Entsprechend erfolgt bei einem Vorsteuer-Überschuss der Abschluss des Kontos Umsatzsteuer-Vorauszahlungen über das Konto Umsatzsteuerforderungen.
S Umsatzsteuerforderungen
H USt-Vorauszahlungen

Die sich dann ergebende Forderung ist in der Schlussbilanz unter der Aktivposition „Sonstige Vermögensgegenstände" auszuweisen. Es handelt sich dabei um eine Aktivierung der Umsatzsteuer.

5.9 Nicht steuerbare Umsätze (Schadenersatz)

Voraussetzung für einen steuerbaren Umsatz ist, dass ein Leistungsaustausch stattfindet. Ein Leistungsaustausch liegt nur dann vor, wenn sich die Leistung auf den Erhalt einer Gegenleistung (Entgelt) richtet. Im Falle einer echten Schadenersatzleistung handelt es sich nicht um einem Leistungsaustausch. Der Schadenersatz wird vom Schädiger nicht für den Erhalt einer Lieferung oder sonstigen Leistung gezahlt, sondern weil er gesetzlich oder vertraglich verpflichtet ist, für den Schaden und seine Folgen einzustehen (Abschn. 3 UStR). Es handelt sich um einen nicht steuerbaren Umsatz.

Beispiel:

Der Telefonanschluss im Ladengeschäft „Nadel und Faden" war für längere Zeit gestört. Susanne Schneider erhält mit der nächsten Telefonabrechnung eine Gutschrift. Dabei handelt es sich um einen Schadenersatz, der Umsatz ist nicht steuerbar. Die Bemessungsgrundlage für die Berechnung der Umsatzsteuer wird durch die Gutschrift nicht gemindert. Die Rechnung sieht wie folgt aus:

	Telefondienst, Telefonanschluss	11,82 €
	Summe Verbindungen	60,56 €
	Zwischensumme	72,38 €
	Gutschrift aufgrund verspäteter Entstörung	25,00 €
	Zwischensumme	47,38 €
+	16% MwSt. auf 72,38 €	11,58 €
	Rechnungsendbetrag	58,96 €

Buchung beim Fachgeschäft „Nadel und Faden“ (Leistungsempfänger)		Buchung beim Telefonunternehmen (Leistender)	
S Telefon	72,38 €	S Forderungen aLuL	58,96 €
S Vorsteuer	11,58 €	S sonstige Aufwendungen	25,00 €
H Verbindlichkeiten aLuL	58,96 €	H Umsatzerlöse	72,38 €
H sonstige Erträge	25,00 €	H Umsatzsteuer	11,58 €

Auch Vertragsstrafen wegen Nichterfüllung oder nicht gehöriger Erfüllung eines Vertrags haben Schadenersatzcharakter. Hat der Leistungsempfänger die Vertragsstrafe an den leistenden Unternehmer zu zahlen, gehört sie nicht zum Entgelt für die Leistung. Zahlt der leistende Unternehmer eine Vertragsstrafe an den Leistungsempfänger, so liegt darin keine Entgeltsminderung. Bei Großaufträgen (Bauwesen, Maschinenbau, Schiffbau etc.) drohen oft erhebliche Vertragsstrafen bei Nichteinhaltung des vereinbarten Fertigstellungstermins. Bei Zahlung dieser Vertragsstrafen sind die Buchungen wie im dargestellten Beispiel vorzunehmen.

6 Ausgewählte Buchungsfälle

6.1 Bezugs- und Nebenkosten in Ein- und Ausgangsrechnungen

Nach einiger Zeit praktischer Arbeit werden Sie feststellen, dass es eine Vielzahl ähnlicher und sich ständig wiederholender Geschäftsvorfälle gibt, die Ihnen beim Buchen keine Schwierigkeiten mehr bereiten werden. Es gibt aber auch Geschäftsvorfälle, bei denen Besonderheiten zu beachten sind. Diese werden in der weiterführenden Literatur zur Buchführung ausführlich dargestellt. Einige ausgewählte Buchungsfälle, die in der Praxis immer wieder zu Falschbuchungen führen und die auch schon zu Beginn Ihrer Geschäftstätigkeit auftreten können, sollen im Folgenden dargestellt werden.

Oftmals werden in Ein- und Ausgangsrechnungen neben dem eigentlichen Warenpreis noch zusätzliche Kosten ausgewiesen. Es handelt sich dabei um Bezugs- oder Nebenkosten, zu denen beispielsweise Verpackungskosten, Transportkosten, Transportversicherungen oder Zölle gehören.
Bezugs- oder Nebenkosten, die in Eingangsrechnungen ausgewiesen sind, erhöhen den Einstandspreis der Ware. Sie können aber zunächst gesondert auf Unterkonten des Wareneingangskontos erfasst werden, um einen Überblick über Art und Höhe der verschiedenen in Rechnung gestellten Kosten zu erhalten. Das sind beispielsweise auch wichtige Informationen für zukünftige Einkaufsverhandlungen und Kalkulationen. Am Jahresende werden diese Unterkonten über das Konto Wareneinkauf abgeschlossen.
Die folgenden Übersichten enthalten eine Zusammenfassung der häufigsten Buchungsfälle.

Buchung von Nebenkosten beim Wareneinkauf		
	Soll	Haben
Zustellgebühren und sonstige Aufwendungen beim Bezug der Ware	Anschaffungsnebenkosten/Vorsteuer	Verbindlichkeiten aLuL
Abschluss des Kontos Anschaffungsnebenkosten am Jahresende	Wareneinkauf	Anschaffungsnebenkosten
Mehrmals verwendbares Verpackungsmaterial	Leergut/Vorsteuer	Verbindlichkeiten aLuL
Rückgabe von mehrmals verwendbarem Verpackungsmaterial	Verbindlichkeiten aLuL	Leergut/Vorsteuer
Umbuchung bei nicht erfolgter Rückgabe des Verpackungsmaterials	Wareneinkauf	Leergut

Fallen diese Nebenkosten nicht beim Wareneinkauf sondern mit der Anschaffung eines Anlagegegenstands an, so sind die Anschaffungsnebenkosten auf dem jeweiligen Anlagekonto zu buchen, d.h., sie werden aktiviert (auf einem aktiven Bestandskonto gebucht).
Nebenkosten, die beim Warenverkauf anfallen, sind zunächst auf den jeweiligen Aufwandskonten zu buchen, unabhängig davon, ob sie dem Kunden in Rechnung gestellt werden oder nicht. Werden in den Ausgangsrechnungen diese Aufwendungen den Kunden in Rechnung gestellt, so erhöhen sie das umsatzsteuerpflichtige Entgelt für die Lieferung oder sonstige Leistung. Sie sind dann als weiterberechnete Kosten in einem Erlöskonto zu erfassen.
Die folgenden Übersichten enthalten eine Zusammenfassung der häufigsten Buchungsfälle.

Buchung von entstandenen Nebenkosten beim Warenverkauf		
	Soll	Haben
Transportkosten	Kosten der Warenabgabe/Vorsteuer	Kasse oder Verbindlichkeiten aLuL
Kauf von einmalig verwendbarem Verpackungsmaterial	Verpackungsmaterial/ Vorsteuer	Kasse oder Verbindlichkeiten aLuL
Kauf von mehrmals verwendbarem Verpackungsmaterial über 410 €	sonstige Betriebs- und Geschäftsausstattung/ Vorsteuer	Verbindlichkeiten aLuL
Abschreibung am Jahresende bzw. bei endgültigem Abgang	Abschreibungen auf Sachanlagen	sonstige Betriebs- und Geschäftsausstattung
Kauf von mehrmals verwendbarem Verpackungsmaterial bis 410 €	Geringwertige Wirtschaftsgüter bis 410 €/Vorsteuer	Verbindlichkeiten aLuL
Abschreibung am Jahresende bzw. bei endgültigem Abgang	Sofortabschreibung Geringwertige Wirtschaftsgüter	Geringwertige Wirtschaftsgüter bis 410 €

Buchung von weiterberechneten Nebenkosten beim Warenverkauf		
Weiterberechnete Versandkosten	Forderungen aLuL	Erlöse aus weiterberechneten Kosten/ Umsatzsteuer
Weiterberechnetes, mehrmals verwendbares Verpackungsmaterial	Forderungen aLuL	Erlöse aus Leergut/ Umsatzsteuer
Gutschrift bei Rücksendung des Verpackungsmaterials	Erlöse aus Leergut/ Umsatzsteuer	Forderungen aLuL

6.2 Skonti und Boni, nachträglich gewährte Rabatte, Rücksendungen und Gutschriften

Grundlage für die Bemessung der Umsatzsteuer ist immer das Entgelt. Bei nachträglichen Entgeltminderungen ist die Umsatzsteuer entsprechend dem tatsächlich gezahlten Entgelt zu berichtigen (§ 17 UStG).
Die in Kaufverträgen oder Rechnungen genannten Zahlungsbedingungen sehen oft Skontoabzüge vor. Skonto ist ein prozentualer Preisnachlass für die Zahlung innerhalb einer bestimmten Frist. Die Entgeltminderung ist erst bei der Begleichung eines Rechnungsbetrags zu berücksichtigen.

Beispiel:

Susanne Schneider begleicht eine Eingangsrechnung unter Abzug von 2% Skonto durch Banküberweisung an den Lieferanten Weber.

	Rechnungsendbetrag	406,00 €	= 350,00 €	+ 56,00 € (MwSt.)
–	2% Skonto	8,12 €	= 7,00 €	+ 1,12 € (MwSt.)
=	Überweisungsbetrag	397,88 €	= 343,00 €	+ 54,88 € (MwSt.)

Bei der Buchung der Zahlung wird die Vorsteuerberichtigung sofort vorgenommen. Der Nettobetrag des erhaltenen Skontos wird als Anschaffungskostenminderung auf einem Unterkonto des Wareneinkaufskontos gebucht. In der EDV-Buchführung erfolgt die Steuerberichtigung bei Skontobuchungen automatisch.

S Verbindlichkeiten aLuL	406,00 €
H Erhaltene Skonti	7,00 €
H Vorsteuer	1,12 €
H Bank	397,88 €

Am Jahresende wird das Konto Erhaltene Skonti über das Konto Wareneinkauf abgeschlossen:

S Erhaltene Skonti	7,00 €
H Wareneinkauf	7,00 €

Für den Leistungsempfänger vermindern sich die beim Einkauf entstandenen Anschaffungskosten für eine erhaltene Lieferung oder Leistung sowie seine Forderung aus Vorsteuer gegenüber dem Finanzamt. Es handelt sich um nachträgliche Anschaffungskostenminderungen.

Für den Zahlungsempfänger vermindert sich neben dem für die erbrachte Lieferung oder sonstige Leistung beim Verkauf erzielten Entgelt auch die Umsatzsteuerschuld gegenüber dem Finanzamt. Sie stellen Erlösschmälerungen dar.

Beispiel:

Der Großhändler Weber nimmt bei der Buchung des Zahlungseingangs sofort die Umsatzsteuerberichtigung vor. Der Nettobetrag des gewährten Skontos wird als Erlösschmälerung auf einem Unterkonto des Warenverkaufskontos gebucht. In der EDV-Buchführung erfolgt die Steuerberichtigung bei Skontobuchungen automatisch.

S Bank	397,88 €
S Gewährte Skonti	7,00 €
S Umsatzsteuer	1,12 €
H Forderungen aLuL	406,00 €

Am Jahresende wird das Konto Gewährte Skonti über das Konto Warenverkauf abgeschlossen:

S Warenverkauf	7,00 €
H Gewährte Skonti	7,00 €

Bei der Buchung erhaltener Skontobeträge ist die richtige Zuordnung der Anschaffungskostenminderung zu beachten. Sie haben bereits kennen gelernt, dass beim Wareneinkauf die Anschaffungskostenminderungen durch erhaltene Skonti auf das dazugehörige Unterkonto gebucht werden. Erhalten Sie beim Einkauf von Büromaterial Skonto, so gehören diese Anschaffungskostenminderungen direkt auf das Konto Bürobedarf und werden dort im Haben gebucht.
Werden bei der Bezahlung von angeschafften Gegenständen des Anlagevermögens Skontobeträge in Anspruch genommen, so sind diese Anschaffungskostenminderungen ebenfalls auf dem jeweiligen Anlagekonto im Haben zu buchen.
In jedem Fall mindern erhaltene Skonti die Anschaffungskosten erst im Zeitpunkt der Zahlung.

Beispiel:

Susanne Schneider kauft einen Warenständer für 418,00 € zuzüglich 66,88 € Mehrwertsteuer = 484,88 €. Sie begleicht die Rechnung unter Abzug von 2% Skonto und überweist 475,18 €.

Buchung der Rechnung:

S Betriebs- und Geschäftsausstattung	418,00 €
S Vorsteuer	66,88 €
H Verbindlichkeiten aLuL	484,88 €

Buchung der Zahlung:

S Verbindlichkeiten aLuL	484,88 €
H Betriebs- und Geschäftsausstattung	8,36 €
H Vorsteuer	1,34 €
H Bank	475,18 €

! Aus dem Konto Betriebs- und Geschäftsausstattung ist zu erkennen, dass für den Warenständer unter Berücksichtigung des Skontobetrags Anschaffungskosten in Höhe von 409,64 € angefallen sind. Nach erfolgter Zahlung kann der Warenständer nun als geringwertiges Wirtschaftsgut (siehe Abschn. 6.5) behandelt werden.

Bonus ist ein nachträglich gewährter Rabatt, z.B. für die Abnahme einer bestimmten Warenmenge bzw. für eine bestimmte Umsatzhöhe innerhalb eines vereinbarten Zeitraums. Häufig erteilen die Lieferanten nach Ablauf eines Kalenderjahrs ihren Kunden Gutschriftenanzeigen, die zu einer Minderung des Entgelts und damit zu einer Korrektur der Umsatzsteuer bzw. der Vorsteuer führen. Auch diese Nachlässe sind auf Unterkonten zum Warenverkauf als gewährte Boni bzw. zum Wareneinkauf als erhaltene Boni zu erfassen. Die Gegenbuchung der Gutschriftenanzeige erfolgt auf dem Konto Forderungen bzw. Verbindlichkeiten.

Erhaltene Boni	Gewährte Boni
S Verbindlichkeiten aLuL H Erhaltene Boni H Vorsteuer	S Gewährte Boni S Umsatzsteuer H Forderungen aLuL

Zu beachten ist auch hier wieder die richtige Zuordnung, wenn kein Wareneinkauf vorliegt.
Erhaltene Boni sind Anschaffungskostenminderungen, gewährte Boni sind Erlösschmälerungen. Im Unterschied zum Skonto ist der Bonus aber eine Umsatzprämie, bei dem die Voraussetzungen für die Anschaffungskostenminderung bereits am Bi-

lanzstichtag gegeben sind. Diese nachträglich erteilte Gutschrift ist bei der Aufstellung der Bilanz zu berücksichtigen.
Für die Erfassung von Skonti, Boni und nachträglich gewährten Rabatten beim Wareneinkauf und beim Warenverkauf sind folgende Konten einzurichten:

Hauptkonto: Wareneinkauf	Hauptkonto: Warenverkauf
Unterkonten: ▪ Erhaltene Skonti ▪ Erhaltene Boni ▪ Erhaltene Rabatte	Unterkonten: ▪ Gewährte Skonti ▪ Gewährte Boni ▪ Gewährte Rabatte
Das Konto Wareneinkauf ist ein Aufwandskonto. Wareneinkäufe werden im Soll gebucht. Erhaltene Skonti, Boni und Rabatte sind Anschaffungskostenminderungen und werden im Haben gebucht.	Das Konto Warenverkauf ist ein Ertragskonto. Warenverkäufe werden im Haben gebucht. Gewährte Skonti, Boni und Rabatte sind Erlösschmälerungen und werden im Soll gebucht.

Bei Rücksendungen aufgrund fehlerhafter oder nicht vertragsgemäßer Lieferungen werden bereits ausgestellte Rechnungen durch Gutschriften korrigiert. Rücksendungen stellen keine Entgeltsminderungen im Sinne des Umsatzsteuerrechts dar. Die Buchungen können deshalb direkt auf den Warenein- und -verkaufskonten unter Korrektur der Vorsteuer bzw. der Umsatzsteuer vorgenommen werden.

Hat sich die Bemessungsgrundlage für einen steuerpflichtigen Umsatz geändert, muss
- der Unternehmer, der diesen Umsatz ausgeführt hat, den dafür geschuldeten Steuerbetrag,
- der Unternehmer, an den dieser Umsatz ausgeführt worden ist, den dafür in Anspruch genommenen Vorsteuerabzug

entsprechend berichtigen.

Der Unternehmer ist sowohl bei der Sollversteuerung als auch bei der Istversteuerung verpflichtet, nachträgliche Minderungen oder Erhöhungen der Entgelte, getrennt nach Steuersätzen, aufzuzeichnen. Dabei sind die Beträge der jeweiligen

Entgeltsminderungen gesondert von seinen Umsätzen aufzuzeichnen. Er hat dabei die Entgeltsminderungen gegebenenfalls nach steuerfreien und steuerpflichtigen Umsätzen sowie nach Steuersätzen zu trennen (Abschn. 256 UStR).

6.3 Zahlungsverkehr

Buchungen im Zahlungsverkehr können folgende Geschäftsvorfälle widerspiegeln:

- Barzahlungsvorgänge,
- Bargeldlose Zahlungsvorgänge durch Überweisungen oder Schecks.

Beispiel:

Ein einfacher Zahlungsvorgang ist der Geldtransit zwischen Kasse und Bank. Susanne Schneider entnimmt der Geschäftskasse 300,00 € und zahlt diese auf das betriebliche Bankkonto ein. Der dazugehörige Buchungssatz lautet:

S Bank	300,00 €
H Kasse	300,00 €

In der Praxis fallen zwei Belege an, für die Entnahme aus der Kasse und für die Gutschrift auf dem Bankkonto. Bei Einsatz eines EDV-Buchführungsprogramms ist es nicht möglich, zwei Geldkonten anzusprechen. Aus diesem Grund wird ein zusätzliches Konto Geldtransit (Interner Geldverkehr) benötigt.

Beispiel:

Der Buchungssatz für die Entnahme aus der Kasse lautet:

S Geldtransit	300,00 €
H Kasse	300,00 €

Der Buchungssatz für die Gutschrift auf dem Bankkonto lautet:

S Bank	300,00 €
H Geldtransit	300,00 €

Bei Schecks ist die Buchung der Zahlung erst vorzunehmen, wenn auf dem Bankkonto eine Gutschrift oder eine Belastung erfolgt ist. Schecks, die zum Bilanzstichtag vorliegen, aber noch nicht auf dem Bankkonto berücksichtigt sind, sind auf einem gesonderten Konto Scheck zu erfassen.

Zum Zahlungsverkehr gehören auch Nebenkosten des Geldverkehrs, beispielsweise:

- Kontoführungsgebühren
- Gebühren für Rückbuchungen
- Gebühren, die im Zusammenhang mit einer Kreditaufnahme entstehen.

Beispiel:

Susanne Schneider erhält einen Bankauszug mit folgenden Abrechnungen:

- ABC-BankCard 5,00 €
- monatliche Bankleistungen 4,50 €

Der Buchungssatz lautet:

S Nebenkosten des Geldverkehrs	9,50 €
H Bank	9,50 €

Bei der Aufnahme eines Darlehens werden oft Bearbeitungsgebühren fällig. Diese Gebühren stellen ebenfalls Nebenkosten des Geldverkehrs dar.

Beispiel:

Die ABC-Bank gewährte Susanne Schneider zur Finanzierung der Geschäftseröffnung ein langfristiges Darlehen von 10.000,00 €. Der Auszahlungsbetrag wurde unter Abzug einer einmaligen Bearbeitungsgebühr von 150,00 € auf das Geschäftskonto überwiesen.

S Bank	9.850,00 €
S Nebenkosten des Geldverkehrs	150,00 €
H Verbindlichkeiten gegenüber Kreditinstituten	10.000,00 €

6.4 Lohn- und Gehaltsbuchungen

Die Lohn- und Gehaltsabrechnung ist ein eigenständiger betrieblicher Abrechnungsbereich, dessen Hauptaufgabe in der Ermittlung, Abrechnung und im Nachweis des Arbeitsverdienstes für jeden Arbeitnehmer des Unternehmens unter Berücksichtigung arbeits-, steuer- und sozialversicherungsrechtlicher Vorschriften besteht. Der Bruttoverdienst wird aufgrund eines Arbeitsvertrags sowie der gesetzlichen, tariflichen und betrieblichen Regelungen als Gegenleistung für die geleistete Arbeit gewährt.

Für die Ermittlung des Nettoverdienstes und des Auszahlungsbetrags gilt folgendes vereinfachtes Abrechnungsschema:

1. Ermittlung des Bruttoverdienstes	Ermitteln, Zusammenstellen und Errechnen von Lohn und Gehalt (Bezüge, Entgelte, Leistungen und Vergütungen)
2. Bestimmung der gesetzlichen Abzüge	Lohnsteuer, Solidaritätszuschlag und Kirchensteuer, Arbeitnehmeranteile zur Kranken-, Renten-, Arbeitslosen- und Pflegeversicherung
3. Ermittlung des Nettoverdienstes	Bruttoverdienst – gesetzliche Abzüge = Nettoverdienst
4. Ermittlung des Auszahlungsbetrags	Berücksichtigung sonstiger Zuzahlungen und Abzüge, die keinen Einfluss auf die Höhe des Nettoverdienstes haben, z.B. Erstattung von Auslagen und Abzug von VWL-Sparbeträgen Nettoverdienst + sonstige Zuzahlungen – sonstige Abzüge = Auszahlungsbetrag an den Arbeitnehmer

Die Beiträge zur Sozialversicherung werden grundsätzlich je zur Hälfte vom Arbeitgeber und vom Arbeitnehmer getragen. Die Arbeitgeberanteile zur Kranken-, Renten-, Arbeitslosen- und Pflegeversicherung sind gesetzliche soziale Aufwendungen und als Personalaufwendungen zu berücksichtigen. Darüber hinaus muss der Arbeitgeber die Beiträge zur Berufsgenossenschaft allein aufbringen.

Die summierten Zahlen der Lohn- und Gehaltsabrechnung werden in die Buchführung übernommen. Dazu ist in der Lohn- und Gehaltsabrechnung ein Buchungsbeleg zu erstellen, in dem die Lohnarten aus der Lohn- und Gehaltsabrechnung den in der Buchhaltung eingerichteten Konten für Personalkosten zugeordnet werden.

Die Bruttobeträge für Löhne und Gehälter werden als Aufwendungen im Soll gebucht.

Pauschale Lohnsteuerbeträge sowie die dazugehörigen Solidaritätszuschläge und Kirchensteuerbeträge können als sonstige betriebliche Steuern oder als Personal-

aufwendungen erfasst werden. Beiträge zur Direktversicherung sind im Personalkostenbereich dem Konto Aufwendungen für Altersversorgung zuzuordnen. VWL-Arbeitgeberanteile oder Fahrtkostenerstattungen für Fahrten zwischen Wohnung und Arbeitsstätte sind ebenfalls als Personalaufwendungen zu erfassen.
Für die Buchung der Personalaufwendungen ist es unerheblich, ob es sich um steuerfreie oder steuerpflichtige Teile des Arbeitslohns handelt bzw. ob für die Arbeitsentgelte im Rahmen der Sozialversicherung Beiträge zu entrichten sind. Das ist nur im Rahmen der Lohn- und Gehaltsabrechnung bei der Bestimmung der Höhe der Abzüge und der geschuldeten Beträge zu beachten.

Beispiel:

Susanne Schneider stellt in ihrem Fachgeschäft „Nadel und Faden" Vera Wolle als Mitarbeiterin ein. Vera Wolle bezieht ein monatliches Gehalt von 800,00 €. Als Abzüge werden ermittelt: im Rahmen der Lohnsteuer insgesamt 162,29 € (Lohnsteuer 141,75 €, Solidaritätszuschlag 7,79 €, Kirchensteuer 12,75 €), als Arbeitnehmeranteil zur Sozialversicherung 168,00 € (Krankenversicherung 57,20 €, Rentenversicherung 78,00 €, Arbeitslosenversicherung 26,00 €, Pflegeversicherung 6,80 €).

Die Buchung der Gehaltsabrechnung lautet:

S Gehalt	800,00 €
H Verbindlichkeiten aus Lohn- und Kirchensteuer	162,29 €
H Verbindlichkeiten im Rahmen der sozialen Sicherheit	168,00 €
H Verbindlichkeiten aus Lohn und Gehalt	469,71 €

Die Buchung des Arbeitgeberanteils zur Sozialversicherung ergibt:

S Gesetzliche soziale Aufwendungen	168,00 €
H Verbindlichkeiten im Rahmen der sozialen Sicherheit	168,00 €

Susanne Schneider überweist die ermittelten Beträge im Folgemonat. Die Buchung der Zahlungsvorgänge ergibt:

S Verbindlichkeiten aus Lohn- und Kirchensteuer	162,29 €
S Verbindlichkeiten im Rahmen der sozialen Sicherheit	336,00 €
S Verbindlichkeiten aus Lohn und Gehalt	469,71 €
H Bank	968,00 €

Die Buchung der Personalaufwendungen ist für den Monat vorzunehmen, in dem sie entstanden sind, damit eine Periodenabgrenzung und Vergleichbarkeit gewährleistet ist. Die Löhne und Gehälter werden in der Regel erst im Folgemonat abgerechnet und ausgezahlt. Das betrifft auch die einzubehaltenden Abzüge für Steuern und Sozialversicherung und ihre Abführung an das Finanzamt bzw. an die zuständigen Krankenkassen. Die abzuführenden und zu zahlenden Beträge sind deshalb zunächst als Verbindlichkeiten auszuweisen. Die Verbindlichkeiten aus Lohn- und Kirchensteuer, im Rahmen der sozialen Sicherheit und aus Lohn und Gehalt bestehen auch beim Jahreswechsel und sind in der Schlussbilanz entsprechend zu berücksichtigen.

6.5 Abschreibungen auf Wirtschaftsgüter des Anlagevermögens

Für Wirtschaftsgüter des Anlagevermögens kann folgende Einteilung vorgenommen werden:

Immaterielle Wirtschaftsgüter		Materielle Wirtschaftsgüter		
nicht abnutzbar	abnutzbar	nicht abnutzbar	abnutzbar	
			unbeweglich	beweglich
Beispiele				
zeitlich nicht beschränkte Nutzungsrechte	Software, Lizenzen	Grundstücke	Gebäude	Personalcomputer

Die Wertminderungen bei abnutzbaren Wirtschaftsgütern durch Nutzung, technischen Fortschritt und natürlichen Verschleiß werden in der Buchführung durch Abschreibungen erfasst. Die Buchung erfolgt auf einem besonderen Konto für Abschreibungen als Aufwandsbuchung im Soll, die Wertminderung des Anlagevermögens als Gegenbuchung auf der Habenseite des jeweiligen Anlagenkontos. Die Aufwandsbuchung mindert den Gewinn. Aus der Schlussbilanz kann man nur den Rest- oder Buchwert des Anlagevermögens erkennen.
Der jährliche Abschreibungsbetrag wird linear oder degressiv ermittelt. Bei der linearen Abschreibung werden die Anschaffungs- oder Herstellungskosten gleichmäßig auf die betriebsgewöhnliche Nutzungsdauer verteilt. Die degressive Abschreibung kann bei beweglichen Wirtschaftsgütern angewendet werden. Dazu

wird der Abschreibungsbetrag mit einem gleich bleibenden Prozentsatz vom jeweiligen Restbuchwert bestimmt. Der degressive AfA-Satz darf höchstens das Zweifache des linearen AfA-Satzes betragen und 20% nicht übersteigen. Die betriebsgewöhnliche Nutzungsdauer wird in amtlichen AfA-Tabellen vom Bundesministerium der Finanzen veröffentlicht.

Beispiel:

Betriebsgewöhnliche Nutzungsdauer verschiedener Sachanlagen nach amtlicher AfA-Tabelle (BStBl I 2000, S. 1532):

Schaukästen, Vitrinen	9 Jahre	Registrierkassen	6 Jahre
Personenkraftwagen	6 Jahre	Ladeneinbauten	8 Jahre
Lagereinrichtungen	14 Jahre	Büromöbel	13 Jahre
Personalcomputer	3 Jahre	Verkaufstheken	10 Jahre

Bei Wirtschaftsgütern, die im Laufe eines Jahrs angeschafft oder hergestellt werden, können nur zeitanteilige Abschreibungen vorgenommen werden. Es sind dann monatliche Abschreibungsbeträge zu bestimmen.

Beispiel:

Susanne Schneider erwirbt am 8. September einen Personalcomputer. Die Anschaffungskosten (netto) betragen 1.215,00 €. Bei linearer Abschreibung beträgt die monatliche Abschreibung 1.215,00 € : 36 Monate = 33,75 €. Zum Jahresende (4 Monate) können 135,00 € abgeschrieben werden. Der Buchungssatz lautet:

S Abschreibungen auf Sachanlagen	135,00 €
H Büro- und Geschäftsausstattung	135,00 €

Für bewegliche Wirtschaftsgüter des Anlagevermögens ist es aus Vereinfachungsgründen zulässig, bei Anschaffungen in der ersten Jahreshälfte den vollen AfA-Jahresbetrag und bei Anschaffungen in der zweiten Jahreshälfte den halben AfA-Jahresbetrag abzusetzen (R 44 EStR 2001).
So genannte geringwertige Wirtschaftsgüter können im Wirtschaftsjahr der Anschaffung oder Herstellung in voller Höhe als Betriebsausgaben abgesetzt werden, wenn

- in einem besonderen Nachweis der Tag der Anschaffung oder Herstellung und die Anschaffungs- oder Herstellungskosten aufgeführt werden oder
- diese Angaben aus der Buchführung ersichtlich sind und die Wirtschaftsgüter auf einem besonderen Konto für geringwertige Wirtschaftsgüter gebucht werden.

Als geringwertige Wirtschaftsgüter bezeichnet man
- abnutzbare bewegliche Wirtschaftsgüter des Anlagevermögens, die einer selbstständigen Nutzung fähig sind und
- deren Anschaffungs- und Herstellungskosten, vermindert um einen darin enthaltenen Vorsteuerbetrag und unter Berücksichtigung gewährter Preisnachlässe 410 € nicht übersteigen.

Zu den geringwertigen Wirtschaftsgütern gehören auch Computerprogramme, deren Anschaffungskosten nicht mehr als 410 € betragen (R 31a EStR 2001).
Geringwertige Wirtschaftsgüter, deren Anschaffungs- oder Herstellungskosten nicht mehr als 60 € betragen, können sofort auf einem Aufwandskonto gebucht werden.

Beispiel:

Susanne Schneider erwirbt für das Fachgeschäft „Nadel und Faden“ eine Decken- und eine Schreibtischleuchte. Die Rechnung lautet:

	Deckenleuchte „PrimaLux“	380,00 €
	Tischleuchte „SuperSchein“	60,00 €
+	16% Mehrwertsteuer	70,40 €
=	Rechnungsendbetrag	510,40 €

Susanne Schneider bucht die Eingangsrechnung:

S Geringwertige Wirtschaftsgüter	380,00 €
S Bürobedarf	60,00 €
S Vorsteuer	70,40 €
H Verbindlichkeiten aLuL	510,40 €

Zum Jahresende nimmt sie eine Sofortabschreibung der angeschafften geringwertigen Wirtschaftsgüter vor:

S Sofortabschreibung GWG	380,00 €
H Geringwertige Wirtschaftsgüter	380,00 €

6.6 Übungen

	Ja	Nein
Umsatzsteuerbeträge auf Ausgangsrechnungen sind Verbindlichkeiten gegenüber dem Finanzamt.	☐	☐
Eine generelle Verpflichtung zum gesonderten Ausweis der Umsatzsteuer besteht nicht. Der Unternehmer ist jedoch verpflichtet, auf Verlangen eines anderen Unternehmers, für dessen Unternehmen er Umsätze ausführt, die Steuer gesondert auszuweisen.	☐	☐
Wenn ein umsatzsteuerpflichtiger Unternehmer auf einer Ausgangsrechnung keine Umsatzsteuer und keinen Umsatzsteuersatz ausweist, ist die in Rechnung gestellte Leistung von der Umsatzsteuer befreit.	☐	☐
Ein Unternehmer erhält eine Rechnung über den Kauf eines Registrierkasseneinsatzes für 85,00 € mit dem Vermerk „einschließlich 16% Mehrwertsteuer". Ist die in Rechnung gestellte Umsatzsteuer als Vorsteuer abzugsfähig?	☐	☐
Ein Unternehmer kauft zwei Druckerpatronen zu je 65,00 €. Er erhält eine Rechnung über 130,00 € mit dem Vermerk „einschließlich 16% Mehrwertsteuer". Ist die in Rechnung gestellte Umsatzsteuer als Vorsteuer abzugsfähig?	☐	☐
Sind die abziehbaren Vorsteuerbeträge größer als die geschuldeten Umsatzsteuerbeträge, erfolgt eine Erstattung durch das Finanzamt.	☐	☐
Die Zahllast ist der Unterschiedsbetrag zwischen Umsatzsteuerschuld und abziehbarer Vorsteuer.	☐	☐

Wie wirkt sich eine Warenrücksendung an den Lieferanten auf eine zu leistende Umsatzsteuer-Vorauszahlung aus?

Wie sind gewährte Rabatte zu buchen?

Warum sind bei Skonti, Boni und nachträglich gewährten Rabatten Berichtigungen der Umsatzsteuer bzw. der Vorsteuer erforderlich?

Was ist zu beachten, wenn Skonti beim Kauf von Anlagegegenständen oder beim Kauf von Büromaterial o.Ä. in Anspruch genommen werden?

---

7 Organisatorische Bestandteile der Buchführung

7.1 Kontenrahmen

Sie haben bereits erfahren, dass die Buchführung ein altes Gebiet des Rechnungswesens ist, und Sie haben inzwischen in den Beispielen auch viele Konten kennen gelernt. Systematische Kontenordnungen (die nach der Dezimalklassifikation von Melvil Dewey gegliedert sind), gibt es jedoch erst seit Beginn des 20. Jahrhunderts. Nachdem Eugen Schmalenbach im Jahr 1927 sein Werk „Der Kontenrahmen" veröffentlichte, fand in der Buchführung die Anwendung eines Kontenrahmens eine schnelle Verbreitung. Aufgabe des Kontenrahmens ist es, die Konten in einer sachlichen Ordnung zusammenzufassen. Dadurch wird die Übersicht in der Buchführung verbessert und nachfolgenden Bereichen des betrieblichen Rechnungswesens schematisch gegliedertes Zahlenmaterial zur Verfügung gestellt. Ein Kontenrahmen besteht aus zehn Kontenklassen, die durch die erste Ziffer einer Kontennummer gekennzeichnet sind. Die zweite Ziffer charakterisiert die Kontengruppe. Jede Kontenklasse ist in zehn Kontengruppen unterteilt. Kontengruppen können mit einer dritten und vierten Ziffer jeweils in zehn Kontenarten und in zehn Kontenunterarten eingeteilt werden.

Wichtige Kontenrahmen sind in der Praxis der Gemeinschaftskontenrahmen der Industrie (GKR) und der Industriekontenrahmen (IKR) sowie der Kontenrahmen für den Groß- und Außenhandel. Daneben gibt es viele branchenspezifische Kontenrahmen verschiedener Wirtschaftszweige.
Auch für EDV-Buchführungsprogramme ist ein nummeriertes Kontensystem unbedingt erforderlich, um sowohl die laufenden Buchungen verarbeiten als auch aus den erfassten und gespeicherten Daten den Jahresabschluss und verschiedene Auswertungen erstellen zu können. Dabei werden EDV-Kontenrahmen mit vierstelligen Sachkontennummern verwendet.
Allgemein bekannt sind die DATEV-Spezialkontenrahmen SKR 03 und SKR 04 der Datenverarbeitungsorganisation der steuerberatenden, wirtschaftsprüfenden und juristischen Berufe. Diese Kontenrahmen sind branchenübergreifend konzipiert und enthalten somit wesentlich mehr Konten als ein Branchenkontenrahmen. Viele Unternehmen arbeiten über ihren Steuerberater mit dem DATEV-System.
Der Gemeinschaftskontenrahmen (GKR), der Kontenrahmen für den Groß- und Außenhandel sowie der DATEV-Kontenrahmen SKR 03 sind prozessgegliederte Kontenrahmen, d.h., in der Gliederung der Kontenklassen wird der Ablauf des Be-

triebsprozesses (Leistungsvorbereitung, Leistungserstellung und Leistungsverwertung) widergespiegelt.
Der Industriekontenrahmen (IKR) und der DATEV-Kontenrahmen SKR 04 sind abschlussorientierte Kontenrahmen. Die Gliederung ist an den Positionen des Jahresabschlusses (Aktiva, Passiva, Erträge, Aufwendungen) ausgerichtet.
Die nachstehende Übersicht zeigt die unterschiedliche Gliederung von prozess- und abschlussorientierten Kontenrahmen am Beispiel der DATEV-Kontenrahmen SKR 03 und SKR 04.

DATEV-Kontenrahmen SKR 03 (prozessgegliedert)		DATEV-Kontenrahmen SKR 04 (abschlussgegliedert)	
Kontenklasse		Kontenklasse	
0	Anlage- und Kapitalkonten	0	Anlagevermögen
1	Finanz- und Privatkonten	1	Umlaufvermögen
2	Abgrenzungskonten	2	Eigenkapitalkonten
3	Waren, Roh-, Hilfs- und Betriebsstoffe	3	Fremdkapitalkonten
4	Konten der Kostenarten	4	Betriebliche Erträge
5	frei (für Kostenrechnung)	5	Materialaufwand
6	frei (für Kostenrechnung)	6	Betriebliche Aufwendungen
7	Bestandskonten für fertige und unfertige Erzeugnisse	7	Weitere Erträge und Aufwendungen
8	Erlöskonten	8	frei
9	Vortragskonten, statistische Konten	9	Vortragskonten, statistische Konten

Wird keine gesonderte Kosten- und Leistungsrechnung durchgeführt, ist die Anwendung eines prozessgegliederten Kontenrahmens zu empfehlen. Der Saldo der Kontenklassen 4 und 8 weist das Betriebsergebnis aus, die Kostenfaktoren sind bereits aus der Buchführung erkennbar.
Der abschlussgegliederte Kontenrahmen ist an die HGB-Vorschriften für Kapitalgesellschaften angelehnt, die Reihenfolge der Konten orientiert sich an der Gliederung der Bilanz und der GuV. Deshalb sollte beispielsweise für die Buchführung in einer GmbH ein abschlussgegliederter Kontenrahmen verwenden werden, wenn daneben noch eine gesonderte Kosten- und Leistungsrechnung durchgeführt wird.

Die Entscheidung, ob ein prozessgegliederter oder ein abschlussgegliederter Kontenrahmen angewendet werden soll, muss sorgfältig getroffen werden Eine Umstellung bereitet Schwierigkeiten.

7.2 Kontenplan

In den einzelnen Unternehmen werden nicht alle Konten eines zuvor gewählten Kontenrahmens benötigt. Die vom Unternehmen individuell erstellten Übersichten über die Konten, mit denen die Buchführung vorgenommen werden soll, nennt man Kontenpläne. Kontenpläne orientieren sich in der Regel an den Kontenrahmen und sind den betrieblichen Zwecken angepasst.
Dazu wählt man aus einem Kontenrahmen entsprechend dem Umfang der Buchführung des Unternehmens geeignete Sachkonten aus. Das können beispielsweise 30 oder auch mehr als 150 verschiedene Konten sein. Die Kontenbezeichnungen können an betriebliche Begriffe angeglichen werden. Den Konten sollten aber nicht grundsätzlich andere Bedeutungen zugeordnet werden. Die prinzipielle Kontengliederung muss auch weiterhin erhalten bleiben.
Neben den ausgewählten Konten können in Bereichen mit freien Kontennummern zusätzliche Konten angelegt werden, beispielsweise:

- für spezielle Wirtschaftsgüter des Anlagevermögens,
- für verschiedene Banken,
- für verschiedene Wareneinkaufs- und Warenverkaufsgruppen.

Der Kontenplan kann immer wieder neu den betrieblichen Gegebenheiten angepasst werden. Kontenpläne gehören aber zu den aufbewahrungspflichtigen Organisationsunterlagen, die zum Verständnis der Handelsbücher erforderlich sind (siehe Kap. 1.2.2, S. 17). Die Aufbewahrungsfrist beträgt zehn Jahre, nachdem der Kontenplan letztmalig angewendet worden ist.

Die Nummerierung der Kunden- und Lieferantenkonten richtet sich ebenfalls nach den Anforderungen des EDV-Buchführungsprogramms. Im DATEV-System sind fünfstellige Personenkontennummern für die Kundenkonten (Debitoren) und für die Lieferantenkonten (Kreditoren) vorgesehen.

7.3 Belege

Alle Geschäftsvorfälle müssen sich in ihrer Entstehung und Abwicklung verfolgen lassen (§ 238 HGB, § 145 AO). Aus dieser Verpflichtung leitet sich der Grundsatz ab, dass keine Buchung ohne Beleg erfolgen darf. Eine Prüfung der in der Buch-

führung erfassten Geschäftsvorfälle kann nur anhand der dazugehörigen Belege vorgenommen werden. Nach der Entstehung der Belege unterscheidet man zwischen externen und internen Belegen. Externe Belege sind alle Belege, die sich aus dem Geschäftsverkehr des Unternehmens in einer Außenbeziehung ergeben. Dazu gehören Ein- und Ausgangsrechnungen, Gutschriften, Bankauszüge, Kassenbelege, Quittungen und Lieferscheine.
Interne Belege entstehen bei innerbetrieblichen Vorgängen, beispielsweise Buchungsbelege aus der Lohn- und Gehaltsabrechnung, Inventurlisten, Materialentnahmescheine, Eigenbelege über Privatentnahmen oder -einlagen, Stornobelege oder Anweisungen zu Abschlussbuchungen.

Keine Buchung ohne Beleg!

Dieser Belegzwang gilt unbedingt auch für Umbuchungen, Stornobuchungen und Abschlussbuchungen. Für derartige Buchungen sind also in jedem Fall Eigenbelege anzufertigen.
Ist ein Beleg abhanden gekommen oder konnte kein Beleg erhalten werden, z.B. bei auswärts geführten Telefongesprächen, so muss ein Ersatzbeleg erstellt werden.
Für Buchungsbelege gibt es keine Formvorschriften, inhaltlich müssen sie jedoch folgende Mindestangaben enthalten:

1. die Erläuterung des Geschäftsvorfalls
2. den zu buchenden Betrag
3. den Zeitpunkt des Geschäftsvorfalls
4. die Belegnummer als Ordnungskriterium für die Ablage
5. die Kontierung (Konto/Gegenkonto)
6. das Buchungsdatum
7. gegebenenfalls Unterschrift/Kurzzeichen des Verantwortlichen

! Kleben Sie Kassenstreifen, Parkquittungen und ähnliche kleine Belege am besten auf DIN-A5- oder DIN-A6-Blätter. Das erleichtert die Vervollständigung des Belegs mit den erforderlichen Angaben und die nachfolgende Ablage.

Die Bearbeitung der Belege umfasst folgende Arbeitsschritte:

Bearbeitung der Belege	
1. Überprüfen	Überprüfen der Belege auf sachliche, rechnerische und formale Richtigkeit
2. Sortieren	Sortieren der Belege nach Buchungskreisen: Ausgangsrechnungen, Eingangsrechnungen, Kasse, Bank, Postbank und Sonstiges (z.B. Lohn- und Gehaltsabrechnung, Sachentnahmen, Abschreibungen). In jedem Buchungskreis ist für mehrere Buchungen ein zu bebuchendes Konto gleich. Durch die Zuordnung der Belege zu den einzelnen Buchungskreisen wird ein rationelles Buchen ermöglicht.
3. Nummerieren	Fortlaufende Nummerierung der Belege innerhalb der einzelnen Buchungskreise
4. Kontieren	Vorkontierung der Belege durch Angabe des Kontos und des Gegenkontos, auf denen die Buchung erfolgt
5. Buchen	Buchen der Belege: Jede Buchung enthält einen Hinweis auf die Belegnummer. Durch diesen Vermerk wird sichergestellt, dass der dazugehörige Beleg sofort auffindbar ist.
6. Ablegen	Zur Ablage der Belege wird in der Regel für jeden Buchungskreis ein Ordner angelegt, in dem die Belege nach fortlaufender Nummer abgeheftet werden.

7.4 Die Bücher der Buchführung

Nach den Grundsätzen ordnungsmäßiger Buchführung ist jeder Geschäftsvorfall sowohl zeitgerecht als auch sachlich geordnet in den entsprechenden Büchern zu erfassen (§ 239 HGB, § 146 AO).
Die Verwendung des Begriffes „Bücher“ in der Buchführung ist historisch bedingt, denn früher wurden alle Buchungen in gebundenen Büchern vorgenommen. Nach Einführung systematischer Kontenordnungen nach der Dezimalklassifikation war die Entwicklung von Buchführungsverfahren möglich, die eine Verwendung von losen Blättern oder Karteien zuließen. In der EDV-Buchführung sind diese „Bücher“ ebenfalls enthalten. Nach § 239 HGB, 146 AO ist es zulässig, die Handelsbücher auch auf Datenträgern zu führen.

7.4.1 Grundbuch

Für das Grundbuch werden auch die Begriffe Journal, Buchungsjournal oder Primanota verwendet. Im Grundbuch werden alle Geschäftsvorfälle anhand vorkontierter Belege lückenlos und in zeitlicher Reihenfolge aufgezeichnet. Das vollständige Grundbuch dokumentiert folgende Buchungen:

- die Eröffnungsbuchungen über das Eröffnungsbilanzkonto,
- die laufenden Buchungen,
- die vorbereitenden Abschlussbuchungen (Umbuchungen), z.B. Buchung von Abschreibungen oder Abschluss von Unterkonten,
- die Abschlussbuchungen zum Abschluss der Bestands- und Erfolgskonten.

Im Grundbuch sind für jeden Geschäftsvorfall folgende Daten aufzuzeichnen: Belegdatum, Belegnummer, Buchungstext, Kontierung und Buchungsbetrag.

Beispiel:

Grundbuch Oktober 2003						
Beleg-datum	Beleg-nummer	Buchungstext	Kontierung		Betrag in €	
			Soll	Haben	Soll	Haben
13.10.2003	ER 141	Wareneinkauf Stoffe	3400 1575	1600	350,00 56,00	406,00
14.10.2003	BA 12/3	Überweisung an StoTex GmbH	1600	1200	206,40	206,40
15.10.2003	BA 13/1	Überweisung Miete Okt.	4210 1575	1200	250,00 40,00	290,00

(Die Kontennummern wurden dem DATEV-Kontenrahmen SKR 03 entnommen.)

Werden die Geschäftsvorfälle nicht laufend, sondern periodenweise gebucht, kann die Erfassung der eingehenden und ausgehenden Rechnungen eines Monats im Grundbuch bis zum Ablauf des folgenden Monats erfolgen, sofern durch organisatorische Maßnahmen sichergestellt ist, dass die Buchführungsunterlagen bis zu ihrer Erfassung im Grundbuch nicht verloren gehen, beispielsweise durch laufende Nummerierung oder durch Ablage in besonderen Mappen oder Ordnern (R 29 EStR 2001).

7.4.2 Hauptbuch

Aus den im Grundbuch chronologisch erfassten Geschäftsvorfällen lässt sich der Stand des Vermögens und der Schulden nicht erkennen. Deshalb werden die Geschäftsvorfälle im Hauptbuch in sachlicher Ordnung auf entsprechenden Sachkonten gebucht. Im Hauptbuch sind alle im Kontenplan des Unternehmens verzeichneten Bestands- und Erfolgskonten enthalten.
Die Buchungen auf den Sachkonten müssen folgende Angaben enthalten: Belegdatum, Belegnummer, Buchungstext, Gegenkonto und Buchungsbetrag im Soll bzw. im Haben.

Beispiele:

Konto 1200 Bank					
Beleg-datum	Beleg-nummer	Buchungstext	Gegenkonto	Betrag in €	
				Soll	Haben
10.10. 2003	BA 12/2	Überweisung von Richter	1400	400,00	
14.10. 2003	BA 12/3	Überweisung an StoTex GmbH	1600		206,40
15.10. 2003	BA 13/1	Überweisung Miete Okt.	4210/1575		290,00

Konto 4210 Miete					
Beleg-datum	Beleg-nummer	Buchungstext	Gegenkonto	Betrag in €	
				Soll	Haben
15.08. 2003	BA 3/1	Überweisung Miete Aug.	1200	250,00	
15.09. 2003	BA 9/3	Überweisung Miete Sept.	1200	250,00	
15.10. 2003	BA 13/1	Überweisung Miete Okt.	1200	250,00	

(Die Kontennummern wurden dem DATEV-Kontenrahmen SKR 03 entnommen.)

Im Hauptbuch ist auch eine Kontrolle der gesamten Buchhaltung möglich, denn die Summe aller Sollbuchungen muss mit der Summe aller Habenbuchungen übereinstimmen. Der Abschluss der Sachkonten führt zur Gewinn- und Verlustrechnung und zur Schlussbilanz.

7.5 Nebenbücher

Die Nebenbücher enthalten Teile der Buchführung, die wegen ihrer Ausführlichkeit oder sonstiger Besonderheiten eine eigene Aufzeichnung und Bearbeitung erfordern. Durch die Nebenbücher werden bestimmte Sachkonten des Hauptbuchs näher erläutert. Für Buchungen in der Buchführung werden nur die zusammengefassten Daten übernommen und weiterverarbeitet.

7.5.1 Kontokorrent- oder Geschäftsfreundebuch

Forderungen und Verbindlichkeiten und deren Tilgung sind grundsätzlich als getrennte Geschäftsvorfälle zu behandeln. Neben der Erfassung von Forderungen und Verbindlichkeiten in einem Grundbuch müssen die unbaren Geschäftsvorfälle, aufgegliedert nach Geschäftspartnern, kontenmäßig dargestellt werden. Diese Darstellung erfolgt im Kontokorrentbuch durch Führung besonderer Personenkonten. Ein anderer Begriff ist Geschäftsfreundebuch. Anstelle einer kontenmäßigen Darstellung dieser Kreditgeschäfte mit Kunden und Lieferanten kann aber auch eine geordnete Ablage der nicht ausgeglichenen Rechnungen (Offene-Posten-Buchhaltung) erfolgen (R 29 EStR 2001).

Durch Einrichtung besonderer Personenkonten für die einzelnen Kunden und Lieferanten werden die Sachkonten Forderungen und Verbindlichkeiten weiter aufgegliedert. Bei einem manuellen Buchführungsverfahren müssen die Buchungen sowohl auf dem entsprechenden Kunden- oder Lieferantenkonto als auch auf dem Sachkonto Forderungen bzw. Verbindlichkeiten erfasst werden. Beim Abschluss werden die Salden der einzelnen Personenkonten in Saldenlisten zusammengefasst und mit den Salden der Sachkonten Forderungen und Verbindlichkeiten verglichen. In der EDV-Buchführung werden die Umsätze mit den Kunden und Lieferanten direkt auf den Personenkonten gebucht. Der Übertrag auf die Sachkonten Forderungen und Verbindlichkeiten erfolgt beim Abschluss des Buchungslaufs automatisch.

7.5.2 Anlagenbuchführung

Ziel der Anlagenbuchführung ist es, eine Kontrolle über die Verwendung und den Verbleib der Gegenstände des Anlagevermögens zu gewährleisten und einen Überblick über die Wertentwicklung des Anlagevermögens zu geben.

Für jeden Bilanzstichtag ist aufgrund einer jährlichen körperlichen Bestandsaufnahme ein so genanntes Bestandsverzeichnis aufzustellen (§ 240 Abs. 2 HGB i.V.m. § 5 EStG, R 31 EStR 2001). Darin ist jeder bewegliche Gegenstand des Anlagevermögens aufzunehmen, auch wenn er bereits in voller Höhe abgeschrieben ist, und neben der genauen Bezeichnung des Gegenstands auch sein Bilanzwert am Bilanzstichtag auszuweisen.
Gegenstände des beweglichen Anlagevermögens, für die zulässigerweise ein Festwert (siehe Kap. 3.1.5) angesetzt worden ist, brauchen nicht in das Bestandsverzeichnis aufgenommen zu werden. Im Regelfall ist für diese Gegenstände an jedem dritten Bilanzstichtag eine körperliche Bestandsaufnahme vorzunehmen.

Wird für die Gegenstände des beweglichen Anlagevermögens ein fortlaufendes Bestandsverzeichnis geführt, kann hierfür die jährliche körperliche Bestandsaufnahme entfallen. In diesem fortlaufend geführten Bestandsverzeichnis sind dann folgende Aufzeichnungen erforderlich:
1. die genaue Bezeichnung des Gegenstands
2. der Tag der Anschaffung oder Herstellung des Gegenstands
3. die Höhe der Anschaffungs- oder Herstellungskosten
4. sein Bilanzwert am Bilanzstichtag
5. der Tag des Abgangs

Beispiel:

<table>
<tr><td rowspan="5">Bezeichnung des Gegenstandes
Personalcomputer
Typ Microstar P 1860
Bildschirm MBO TFT 15"</td><td>Inv.-Nr.</td><td></td></tr>
<tr><td>Anlage-Konto</td><td>0420</td></tr>
<tr><td>Tag der Anschaffung/ Lieferung</td><td>08.09.2003</td></tr>
<tr><td>Nutzungsbeginn</td><td>10.09.2003</td></tr>
<tr><td>Abgang</td><td></td></tr>
</table>

Lieferant Media Markt	Rechnung vom 08.09.2003	
	bezahlt am 12.09.2003	
Garantiefrist		
Standort		

Inbetriebnahme	Außer Betrieb gesetzt	Grund	
10.09.2003			
Anschaffungs-/Herstellungskosten		1.215,00 €	
betriebsgewöhnliche Nutzungsdauer		3 Jahre	
AfA		linear	33,33%

AfA jährlich	405,00 €	AfA monatlich	33,75 €

Datum	Text	Zugang	Abgang	AfA	Restwert
08.09.2003	Anschaffung	1.215,00 €			1.215,00 €
31.12.2003	Abschreibg.			135,00 €	1.080,00 €

Bei der Vorbereitung des Jahresabschlusses werden die Absetzungsbeträge für Abnutzung (AfA) und daraus folgend die Bilanzwerte zum Bilanzstichtag festgestellt. In den Sachkonten für das Anlagevermögen werden die ermittelten Abschreibungsbeträge gebucht. Die Summe der Stichtagswerte aus dem Anlageverzeichnis muss mit den Salden der Sachkonten für das Anlagevermögen an den jeweiligen Bilanzstichtagen übereinstimmen.

Geringwertige Anlagegüter, die im Jahr der Anschaffung oder Herstellung in voller Höhe abgeschrieben worden sind, brauchen nach R 31 EStR 2001 nicht in das Bestandsverzeichnis aufgenommen zu werden, wenn ihre Anschaffungs- oder Herstellungskosten, vermindert um einen darin enthaltenen Vorsteuerbetrag,

- nicht mehr als 60 € betragen haben oder
- auf einem besonderen Konto gebucht worden sind oder
- bei ihrer Anschaffung oder Herstellung in einem besonderen Verzeichnis erfasst worden sind.

7.5.3 Lohn- und Gehaltsabrechnung

In der Lohn- und Gehaltsabrechnung werden die Arbeitsentgelte ermittelt und abgerechnet und in den den gesetzlichen Vorschriften entsprechenden Unterlagen nachgewiesen. Dazu ist für jeden Arbeitnehmer ein Lohnkonto zu führen, das allerdings nicht die aus der Buchführung bekannte Kontoform hat. Neben den Personalien und den Angaben aus der Lohnsteuerkarte des Arbeitnehmers enthält ein Lohnkonto die Abrechnungsdaten für Bruttolohn, gesetzliche Abzüge, Nettolohn, sonstige Abzüge und Auszahlungsbetrag für den jeweiligen Lohnzahlungszeitraum. Für jeden Lohnzahlungszeitraum wird ein Lohnjournal erstellt, in dem die Abrechnungen für alle Arbeitnehmer zusammengefasst sind. Die Daten der monatlichen Lohn- und Gehaltsabrechnung sind in der Buchführung des Unternehmens berücksichtigt. Dazu wird auf der Grundlage des Lohnjournals ein Buchungsbeleg erstellt. In der Lohn- und Gehaltsabrechnung handelt es sich um verschiedene Lohnarten, die bei der Erstellung des Buchungsbelegs für die Buchführung bestimmten Kostenarten zuzuordnen sind. Aus den errechneten Zahlbeträgen sind die Verbindlichkeiten aus Lohn- und Kirchensteuer, aus Sozialversicherung und gegenüber den Arbeitnehmern zu bestimmen. Bei Einsatz eines EDV-Programms zur Lohn- und Gehaltsabrechnung wird der Buchungsbeleg automatisch erstellt.

7.5.3 Lagerbuchführung

Alle gewerblichen Unternehmer sind nach § 143 Abs. 1 AO verpflichtet, den Wareneingang gesondert aufzuzeichnen, unabhängig davon, ob sie zur doppelten Buchführung verpflichtet sind oder nicht. Aufzuzeichnen sind alle Waren einschließlich der Rohstoffe, unfertigen Erzeugnisse, Hilfsstoffe und Zutaten, die der Unternehmer zur Weiterveräußerung, zur Be- oder Verarbeitung oder zum Verbrauch erwirbt.
Die Aufzeichnungen müssen folgende Angaben enthalten:
1. den Tag des Wareneingangs oder das Datum der Rechnung
2. den Namen oder die Firma und die Anschrift des Lieferers
3. die handelsübliche Bezeichnung der Ware
4. den Preis der Ware
5. einen Hinweis auf den Beleg

Ein besonderes Wareneingangsbuch braucht nicht geführt zu werden. Die Aufzeichnungen können auch in der geordnete Ablage von Belegen bestehen oder auf Datenträgern geführt werden (§ 146 Abs. 5 AO).
Die Aufzeichnung des Warenausgangs nach § 144 AO gilt nur für Großhändler, die Waren regelmäßig an andere gewerbliche Unternehmen liefern.

8 Hauptabschlussübersicht

Häufig wird zur Vorbereitung des Jahresabschlusses außerhalb der eigentlichen Buchführung eine Hauptabschlussübersicht (auch Betriebsübersicht, Abschlussübersicht oder Abschlusstabelle genannt) erstellt. Die Hauptabschlussübersicht ist eine Zusammenfassung der Veränderungen in den Bestandskonten von der Eröffnungsbilanz bis zur Schlussbilanz sowie der Buchungen auf den Erfolgskonten, die zur Gewinn- und Verlustrechnung führen.
Eine Hauptabschlussübersicht hat in der Regel sechs Spalten, deren Inhalt hier kurz erläutert werden soll:

1. Spalte: Summenbilanz
Für alle Sachkonten werden die Summen der Sollseiten und der Habenseiten durch Addition ermittelt und in die Spalten der Summenbilanz übernommen. In den jeweiligen Summen für die einzelnen Sachkonten sind die Anfangsbestände und alle Veränderungen infolge der Buchung von Geschäftsvorfällen enthalten. Da jeder Geschäftsvorfall durch gleich große Soll- und Habenbuchungen erfasst worden ist, muss auch die Gesamtsumme der Sollseite der Gesamtsumme der Habenseite entsprechen. Die Summenbilanz hat eine Kontrollfunktion. Formelle Buchungsfehler können leicht festgestellt werden.

2. Spalte: Saldenbilanz I
Für jede Kontenzeile werden aus den Zahlen der Summenbilanz Salden errechnet und auf die wertmäßig größere Seite der Saldenbilanz I eingetragen. Wenn alle Salden richtig errechnet wurden, müssen wiederum beide Seiten der Saldenbilanz übereinstimmen. Durch die Saldenbilanz wird die Richtigkeit des Saldierens überprüft.

3. Spalte: Abschlussbuchungen
Üblicherweise treten folgende Abschlussbuchungen auf:
- Buchung der Wertminderung (Abschreibungen) des Anlagevermögens,
- Aktivierung bzw. Passivierung des Kontos Umsatzsteuer am Jahresende,
- Abschluss der Privatkonten auf das Konto Eigenkapital,
- Umbuchung der Unterkonten für Anschaffungsnebenkosten und Anschaffungskostenminderungen auf die entsprechenden Hauptkonten,
- Abschluss des Warenbestandkontos und Buchung des Wareneinsatzes,
- Abschluss der Konten für Umsatzerlösschmälerungen, gewährte Skonti und Boni,

- Buchungen der sachlichen und zeitlichen Abgrenzung (Versicherungen, Mieten usw., die zwei Wirtschaftsjahre betreffen),
- erforderliche Korrekturbuchungen.

In der Hauptabschlussübersicht ist diese Spalte vorgesehen, um die formale Richtigkeit der Abschlussbuchungen kontrollieren zu können.

4. Spalte: Saldenbilanz II (berichtigte Saldenbilanz)
Zur Erstellung der Saldenbilanz II sind für jedes Konto jeweils die Sollspalten aus der Saldenbilanz I und aus den Umbuchungen zu addieren, analog die entsprechenden Habenspalten. Treffen für ein Konto Soll- und Habenspalten aufeinander, so sind diese zu subtrahieren. Durch die Saldenbilanz II wird die richtige Fortführung des Saldierens kontrolliert.

5. Spalte: Vermögensbilanz (Schlussbilanz)
In der Vermögensbilanz werden alle Salden für aktive und passive Bestandskonten übernommen. Mit Ausnahme des Kontos Eigenkapital stimmt die Vermögensbilanz mit der Schlussbilanz überein. Der Saldo dieser Bilanz ergibt den Unternehmenserfolg (Gewinn oder Verlust), der jedoch noch nicht auf das Konto Kapital übertragen worden ist.

6. Spalte: Erfolgsbilanz (Gewinn- und Verlustrechnung)
Sie enthält alle Erfolgskonten und ermittelt den Jahreserfolg des Unternehmens. Durch die Erfolgsbilanz wird das Gewinn- und Verlustkonto dargestellt. Die Differenz zwischen Aufwand und Ertrag muss der Differenz zwischen Aktiv- und Passivseite entsprechen.

Wenn die Salden in der Hauptabschlussübersicht ein rechnerisch richtiges Ergebnis ausgewiesen haben, werden die vorbereitenden Abschlussbuchungen auf die Konten übertragen werden, die Konten abgeschlossen und die Schlussbilanz sowie die Gewinn- und Verlustrechnung erstellt.
Bei EDV-Einsatz werden nur die Abschlussbuchungen und Berichtigungen in einem Sammelbuchungsbeleg, der so genannten Umbuchungsliste, zusammengestellt und dann im EDV-Dialog erfasst. Die Summenbilanz, die Saldenbilanzen I und II sowie die Vermögens- und Erfolgsbilanz werden durch das Programm erzeugt.
Die nächste Seite zeigt ein einfaches Beispiel für eine Hauptabschlussübersicht.

Hauptabschlussübersicht des Fachgeschäfts „Nadel und Faden“ zum 31. Dezember 20...

Konten	Summenbilanz		Saldenbilanz I		Abschl.-buchungen		Saldenbilanz II		Vermögensbilanz		Erfolgsbilanz	
	S	H	S	H	S	H	S	H	Aktiva	Passiva	Aufw.	Ertrag
Fahrzeuge	4.250		4.250			750	3.500		3.500			
Betr./Gesch.-Ausst.	12.750		12.750			1.200	11.550		11.550			
Eigenkapital		36.150		36.150	12.000			24.150		24.150		
Darlehensverbindl.	1.800	10.000		8.200				8.200		8.200		
Kasse	32.920	29.007	3.913				3.913		3.913			
Bank	85.174	52.997	32.177				32.177		32.177			
Forderungen aLuL	1.360	788	572				572		572			
Vorsteuer	2.701	184	2.517			2.517						
Verbindl. aLuL	14.030	14.862		832				832		832		
Verbindl. Steuern						1.945		1.945		1.945		
Umsatzsteuer	108	10.080		9.972	9.972							
USt-Zahllast	5.510		5.510		1.945	7.455						
Privatentnahmen	12.000		12.000			12.000						
Wareneinkauf	11.200	1.000	10.200		1.600	150	11.650				11.650	
Erhaltene Skonti		150		150	150							
Warenbestand	9.700		9.700			1.600	8.100		8.100			
Löhne u. Gehälter	14.400		14.400				14.400				14.400	
Gesetzl. soz. Aufw.	3.025		3.025				3.025				3.025	
Miete	3.200		3.200				3.200				3.200	
Kfz-Kosten	1.680		1.680				1.680				1.680	
Abschreibungen					1.950		1.950				1.950	
Telefon	810		810				810				810	
Bürobedarf	920		920				920				920	
Umsatzerl. WVK		63.000		63.000	680			62.320				62.320
Gewährte Skonti	680		680			680						
	218.218	218.218	118.304	118.304	28.297	28.297	97.447	97.447	59.812	35.127	37.635	62.320
										24.685	24.685	
									59.812	59.812	62.320	62.320

9 Die Einnahmenüberschussrechnung

9.1 Unterschiede zwischen Einnahmenüberschussrechnung und Betriebsvermögensvergleich

Die Einnahmenüberschussrechnung ist eine rein steuerliche Gewinnermittlungsmethode. Sie setzt keine Inventur, keine Bestandskonten und keine Kassenführung voraus. Als Grundlage für die Gewinnermittlung sind grundsätzlich nur betrieblich veranlasste Einnahmen und Ausgaben aufzuzeichnen. Zu den Betriebseinnahmen und -ausgaben gehören dabei auch vereinnahmte und verausgabte Umsatzsteuerbeträge.

Unberücksichtigt bleiben Bareinlagen und Barentnahmen, Forderungen und Verbindlichkeiten. Ausgeschlossen ist die Bildung von Rückstellungen oder Rechnungsabgrenzungsposten. Werden abnutzbare Anlagegüter angeschafft, kann der Kaufpreis nicht bereits im Jahr der Anschaffung als Betriebsausgabe angesetzt werden. Betriebsausgabe sind nur die durch Absetzung für Abnutzung (§ 7 EStG) auf die Gesamtdauer der Nutzung verteilten Anschaffungskosten. Nicht abnutzbare Anlagegüter dürfen erst im Zeitpunkt der Veräußerung oder Entnahme als Betriebsausgabe berücksichtigt werden.

Einnahmenüberschussrechnung – Vor- und Nachteile:

+ Keine Aufstellung von Bilanz und GuV-Rechnung
+ Führung einer Kasse (und eines Kassenbuchs) nicht erforderlich
+ Keine Inventur notwendig
+ Einfache Aufzeichnungen

- Keine Erfassung der Warenbestände
- Keine Übersicht von Forderungen und Verbindlichkeiten
- Ohne Kassenführung kein Nachweis über Kassenfehlbeträge bzw. Geldverlust (Diebstahl) möglich
- Fehlende bzw. eingeschränkte Kontrollmöglichkeiten zur Vermögenslage und zur betrieblichen Situation

9.2 Betriebseinnahmen

Betriebseinnahmen sind alle betrieblich veranlassten Zuflüsse in Geld oder Zugänge in Geldeswert sowie Sachentnahmen. Folgende Einnahmen sind demzufolge zu berücksichtigen:

- Vergütungen, Honorare und Provisionseinnahmen,
- vereinnahmte Vorschüsse, Teil- und Abschlagszahlungen,
- vereinnahmte Umsatzsteuerbeträge,
- Zinseinnahmen,
- erstattete Betriebssteuern,
- erhaltene Schadenersatzleistungen und Entschädigungen,
- Entnahmen abnutzbarer und nicht abnutzbarer Wirtschaftsgüter aus dem Betriebsvermögen,
- Einnahmen aus der Veräußerung von abnutzbaren und nicht abnutzbaren Wirtschaftsgütern.

Bei der Einnahmenüberschussrechnung sind die Betriebseinnahmen in dem Wirtschaftsjahr anzusetzen, in dem sie dem Steuerpflichtigen zugeflossen sind (§ 11 EStG, R 16 EStR 2001). Damit ist der Zeitpunkt des Geldzuflusses gemeint, beispielsweise bei einem überwiesenen Betrag zur Begleichung einer Rechnung der Zeitpunkt der Gutschrift auf dem Bankkonto. Auf die Fälligkeit des Betrags kommt es nicht an. Regelmäßig wiederkehrende Einnahmen, die in einem Zeitraum bis zu zehn Tagen vor Beginn oder nach Beendigung des Kalenderjahrs, zu dem sie wirtschaftlich gehören, zugeflossen sind, gelten als in diesem Kalenderjahr bezogen (H 116 EStH 2002).

Bei der Einnahmenüberschussrechnung wirken sich Umsatzerlöse aus Lieferungen und Leistungen erst im Zeitpunkt des Zahlungseingangs gewinnerhöhend aus, beim Betriebsvermögensvergleich dagegen bereits mit Entstehung der Forderung.

Die Entnahmen abnutzbarer Wirtschaftsgüter (Sachentnahmen) sind im Zeitpunkt der Entnahme mit ihrem Teilwert (zuzüglich Umsatzsteuer) wie Geldeingänge als Betriebseinnahmen anzusetzen. Der Erlös aus dem Verkauf eines Wirtschaftsgutes ist stets im Jahr des Zuflusses als Betriebseinnahme anzusetzen.
Vereinnahmte Umsatzsteuerbeträge, dazu zählen für Umsätze geschuldete Umsatzsteuer, vom Finanzamt erstattete Vorsteuerbeträge und Erstattungen aus der Umsatzsteuer-Erklärung, sind zum Zeitpunkt ihrer Vereinnahmung Betriebseinnahmen (H 86 EStH 2002).
Geldbeträge, die dem Betrieb durch die Aufnahme von Darlehen zugeflossen sind,

stellen keine Betriebseinnahmen dar (H 16 EStH 2002). Das Erlassen einer betrieblich veranlassten Darlehensschuld führt dagegen zu einer Betriebseinnahme.

9.3 Betriebsausgaben

Betriebsausgaben sind Aufwendungen, die durch den Betrieb veranlasst sind (§ 4 Abs. 4 EStG). Dazu gehören:

- Ausgaben für Roh- und Hilfsstoffe sowie für bezogene Fertigteile und Waren,
- Personalaufwendungen für im Unternehmen beschäftigte Arbeitnehmer,
- Miete für Geschäftsräume,
- Kosten des Geldverkehrs, beispielsweise Kontoführungsgebühren für ein betriebliches Bankkonto oder Kosten für die Beschaffung eines betrieblichen Darlehens,
- Zahlung von Leasingraten für Anlagen, Maschinen und sonstige geleaste Wirtschaftsgüter,
- entrichtete Gewerbesteuer,
- Zahlung von Vorsteuer bei der Begleichung von Eingangsrechnungen,
- Umsatzsteuerzahlungen an das Finanzamt,
- Zinsen für ein betriebliches Darlehen,
- Absetzungen für Abnutzung für Maschinen, Fahrzeuge und Betriebs- und Geschäftsausstattung,
- geringwertige Wirtschaftsgüter im Jahr der Anschaffung (nach § 4 Abs. 3 i.V.m. § 6 Abs. 2 EStG unabhängig von erfolgtem Zahlungsfluss).

Bei der Einnahmenüberschussrechnung wirken sich Aufwendungen für Wirtschaftsgüter des Umlaufvermögens bereits im Zeitpunkt der Bezahlung gewinnmindernd aus, beim Betriebsvermögensvergleich dagegen erst bei der Leistungsverwertung (z.B. Warenverkauf) über den erfolgten Einsatz (z.B. Wareneinsatz).

Aufwendungen zur Sozialversicherung für den selbstständigen Unternehmer sind stets Privatentnahmen und deshalb auch im Rahmen der Einnahmenüberschussrechnung nicht als Betriebsausgaben abzugsfähig.
Tilgungsbeträge für ein Darlehen stellen keine Betriebsausgaben dar (H 16 EStH 2002). Werden jedoch Verbindlichkeiten aus Lieferungen und Leistungen in ein langfristiges Darlehen umgewandelt, so entsteht im Zeitpunkt der Darlehensvereinbarung eine Betriebsausgabe in Höhe der bisherigen Verbindlichkeit.
Die Vorschriften für die Absetzung für Abnutzung oder Substanzverringerung von Wirtschaftsgütern sind auch bei der Einnahmenüberschussrechnung einzuhalten.

Verausgabte Umsatzsteuerbeträge (gezahlte Vorsteuer und an das Finanzamt abgeführte Umsatzsteuerbeträge) gehören zum Zeitpunkt ihrer Verausgabung zu den Betriebsausgaben, es sei denn, dass die Vorsteuerbeträge den Anschaffungs- oder Herstellungskosten des zugehörigen Wirtschaftsgutes zuzurechnen sind (H 86 EStH 2002). In diesem Fall sind sie nur im Rahmen der AfA abzugsfähig.

Neben den Vorschriften über die AfA und die Absetzung für Substanzverringerung gelten auch bei Anwendung der Einnahmenüberschussrechnung die Regelungen über erhöhte Absetzungen und Sonderabschreibungen. Bei der Veräußerung oder Entnahme von abnutzbaren Wirtschaftsgütern ist ein eventuell vorhandener Restwert, der aus einem laufend geführten Anlagenverzeichnis ermittelt werden kann, als Betriebsausgabe zu behandeln. Auch die Anschaffungs- oder Herstellungskosten für nicht abnutzbare Wirtschaftsgüter des Anlagevermögens sind erst im Zeitpunkt der Veräußerung oder Entnahme dieser Wirtschaftsgüter als Betriebsausgaben zu berücksichtigen.
Betriebsausgaben sind für das Kalenderjahr abzusetzen, in dem sie geleistet worden sind (§11 EStG, R 16 EStR 2001). Dazu gehören auch regelmäßig wiederkehrende Ausgaben, die in einem Zeitraum bis zu zehn Tagen vor Beginn oder nach Beendigung des Kalenderjahres, zu dem sie wirtschaftlich gehören, abgeflossen sind (H 116 EStH 2002).

9.4 Mindestaufzeichnungen bei der Einnahmenüberschussrechnung und Aufbewahrungspflichten

Die Pflicht zur Aufzeichnung der betrieblichen Einnahmen und Ausgaben ergibt sich im Besonderen aus § 145 Abs. 2 AO. Danach sind alle Aufzeichnungen so zu führen, dass der Zweck, den sie für die Besteuerung erfüllen sollen, erreicht wird. Die Aufzeichnungen sind vollständig, richtig, zeitgerecht und geordnet vorzunehmen (§ 146 AO).
Die Verpflichtung zur Aufzeichnung der einzelnen Betriebseinnahmen folgt auch aus § 22 UStG. Insbesondere ist eine getrennte Erfassung steuerfreier und steuerpflichtiger Umsätze sowie eine Trennung der steuerpflichtigen Umsätze nach Steuersätzen erforderlich.
Neben den Bruttobeträgen zur Erfassung der Betriebseinnahmen im Sinne des Einkommensteuergesetzes sind nach dem Umsatzsteuergesetz die vereinbarten Nettoentgelte (ohne Umsatzsteuer) für ausgeführte Lieferungen und sonstige Leistungen aufzuzeichnen.
Die folgende Tabelle zeigt als Beispiel die manuell geführten Aufzeichnungen zur Einnahmenüberschussrechnung eines publizistisch tätigen Freiberuflers. Es gibt jedoch eine Vielzahl an EDV-Buchhaltungsprogrammen für Handwerker, Freiberufler

und Kleinbetriebe, die geeignete Module zur Erstellung der Einnahmenüberschussrechnung, der Umsatzsteuer-Voranmeldungen und zusätzlicher betriebswirtschaftlicher Auswertungen enthalten.

Tag	Beleg-Nr.	Geschäftsvorfall	Einnahmen						Ausgaben							
			in		aus				durch		für				Vorsteuer	
			Kasse	Bank	Priv.-Einlage	USt-pflichtige Leistung 7% netto	USt	eigene Geldkonten	Kasse	Bank	USt-Vorausz.	Büroausgaben	Priv.-Ausgabe	eigene Geldkonten	netto	VSt
:																
10.7.	132	Bürobedarf							29,80			29,80			25,68	4,12
12.7.	133	Honorar		749,00		700,00	49,00									
14.7.	134	Fachbuch							20,00			20,00			18,69	1,31
15.7.	135	Telefon/Fax								75,56		75,56			65,14	10,42
18.7.	136	Toner f. HP							58,72			58,72			50,62	8,10
1.8.	137	USt-Vorausz.								98,76	98,76				98,76	
2.8.	138	Kontoführg.								4,43		4,43			4,43	
4.8.	139	SV-Beitrag								97,00			97,00		97,00	
10.8.	140	Honorar		963,00		900,00	63,00									
15.8.	141	Telefon/Fax								58,14		58,14			50,12	8,02
2.9.	142	Kontoführg.								5,83		5,83			5,83	
4.9.	143	SV-Beitrag								97,00			97,00		97,00	
6.9.	144	ESt-Vorausz.								94,50			94,50		94,50	
8.9.	145	Portokosten							10,84			10,84			10,84	
8.9.	146	Barabhebung	80,00					80,00		80,00				80,00	80,00	

Die Einnahmenüberschussrechnung setzt keine jährlichen Bestandsaufnahmen voraus. Es ist lediglich ein Bestandsverzeichnis für die Wirtschaftsgüter des Anlagevermögens zu führen (§ 4 Abs. 3 EStG). Die Vorschriften über die Absetzung für Abnutzung oder Substanzverringerung sind zu befolgen.
Die Vorschrift des § 143 AO verpflichtet alle gewerblichen Unternehmer, den Wareneingang gesondert aufzuzeichnen, unabhängig davon, ob sie zur doppelten Buchführung verpflichtet sind oder nicht.
Wenn ein Arbeitgeber Arbeitnehmer beschäftigt, so besteht eine weitere Aufzeichnungspflicht zum Lohnsteuerabzug (§ 41 EStG, § 4 LStDV) bzw. zur Sozialversicherung (§ 2 BÜVO).

Nach den im Kleinunternehmerförderungsgesetz enthaltenen §§ 60 Abs. 4 und 84 Abs. 3c EStDV ist vorgesehen, die Gewinnermittlung durch Einnahmenüberschussrechnung für Wirtschaftsjahre, die nach dem 31. Dezember 2003 beginnen, nach einem amtlich vorgeschriebenen Vordruck vorzunehmen. Ein entsprechendes Vordruckmuster wird im Bundessteuerblatt Teil I bekannt gegeben werden.

9.5 Übung

Wencke Wortmann ist freiberuflich als Übersetzerin tätig. Sie beschäftigt keine Arbeitnehmer und hat in ihrem Eigenheim ein Arbeitszimmer. Zum Jahresende stellt sie folgende Ergebnisse für Bestände und vereinnahmte und verausgabte Beträge zusammen:

Anfangsbestand Bankkonto	7.013,00 €	
Endbestand Bankkonto	8.463,00 €	
Anfangsbestand Arbeitszimmer	1660,00 €	
Anfangsbestand PC	1.000,00 €	
Umsatzsteuer-Vorauszahlungen im abgelaufenen Kalenderjahr	1.812,00 €	
Umsatzsteuer-Nachzahlung für das Vorjahr	88,00 €	
Privatentnahmen allgemein	24.000,00 €	
Beiträge Sozialversicherung	4.550,00 €	
Zusätzliches CD-ROM-Laufwerk und zusätzliche Festplatte für PC	522,00 €	(450,00 € + 72,00 € MwSt.)
Portokosten	440,00 €	
Telefon/Fax	696,00 €	(600,00 € + 96,00 € MwSt.)
Bürobedarf	493,00 €	(425,00 € + 68,00 € MwSt.)
Fachbücher/Fachzeitschriften	642,00 €	(600,00 € + 42,00 € MwSt.)

Visitenkarten, Prospekte	174,00 €	(150,00 € + 24,00 € MwSt.)
Fortbildungskosten	3.248,00 €	(2.800,00 € + 448,00 € MwSt.)
Reisekosten	432,00 €	(400,00 € + 32,00 € MwSt. für öffentliche Verkehrsmittel)
Kontoführungsgebühren	85,00 €	
Honorareinnahmen	39.162,00 €	(36.600,00 € + 2.562,00 € MwSt.)

Im Verhältnis von Raumfläche des Arbeitszimmers zur Raumfläche des Eigenheims fielen Ausgaben für anteilige Aufwendungen für das Arbeitszimmers in Höhe von 560,00 € an (Strom, Gas, Wasser, Heizungswartung, Müllabfuhr, Grundsteuer). Die Jahres-AfA für das Arbeitszimmer beträgt 180,00 €, für den PC 400,00 €. Außerdem schafft Wencke Wortmann am 27. Dezember einen Tischkopierer an für 261,00 € (225,00 € + 36,00 € MwSt.), den sie als geringwertiges Wirtschaftsgut sofort abschreiben möchte, aber erst am 3. Januar des nachfolgenden Jahres bezahlt. Stellen Sie eine Einnahmenüberschussrechnung nach folgendem Schema auf!

Einnahmenüberschussrechnung:

1. Betriebseinnahmen

Honorareinnahmen, netto
\+ Vereinnahmte Umsatzsteuer

= Summe

2. Betriebsausgaben

Umsatzsteuerzahlungen
- Umsatzsteuer-Vorauszahlungen
- Umsatzsteuer-Nachzahlung

\+ Verausgabte Vorsteuer
\+ Instandhaltung BGA, netto
\+ Büroausgaben, netto
- Portokosten
- Telefon/Fax
- Bürobedarf
- Fachbücher/Fachzeitschriften
- Werbekosten
- Fortbildungskosten
- Reisekosten
- Kontoführungsgebühren

\+ Abschreibungen
- Arbeitszimmer
- Personalcomputer
- GWG

\+ Anteilige Aufwendungen für Arbeitszimmer

= Summe

3. Überschuss (Gewinn)

Betriebseinnahmen

– Betriebsausgaben

= Überschuss (Gewinn)

10 EDV-Buchführung und Unterstützung durch einen Dienstleister

In der Praxis erstellen die meisten Unternehmen ihre Buchführung per EDV. Manuelle Buchführungsformen werden nur noch selten angewendet, meist in sehr kleinen Betrieben oder zu Ausbildungszwecken.
Die EDV-Buchführung wird entweder innerhalb des Unternehmens als interne Buchführung oder außer Haus als externe Buchführung durch einen Dienstleister durchgeführt.

Bei der EDV-Buchführung werden die Geschäftsvorfälle anhand der Belegdaten per Computer nur einmal erfasst, können aber mehrfach ausgewertet und verarbeitet werden. Leistungsfähige Standard-Anwenderprogramme ermöglichen auch Klein- und Mittelbetrieben, die interne EDV-Buchführung im eigenen Unternehmen durchzuführen. Dabei werden die erfassten Buchungsdaten beim Anwender verarbeitet und ausgewertet.
Bei externer EDV-Buchführung werden im Unternehmen die anfallenden Belege gesammelt und mitunter bereits nach Buchungskreisen sortiert. Zur Kontierung der einzelnen Geschäftsvorfälle sind Buchführungskenntnisse erforderlich. Die Kontierung der Belege und die Erfassung der Buchungsdaten an einem Datenerfassungsgerät bzw. am Computer erfolgt entweder im Unternehmen oder durch ein Steuerberaterbüro oder bei einem Buchführungsservice. Anschließend wird in einem Rechenzentrum die eigentliche Datenverarbeitung der übermittelten Buchungsdaten vorgenommen.
Bei der EDV-Buchführung werden die Buchungsdaten und -ergebnisse, dazu gehören das Buchungsjournal und die bebuchten Sach- und Personenkonten, auf dem Bildschirm dargestellt und können in regelmäßigen Abständen, monatlich, vierteljährlich oder am Jahresende, ausgedruckt werden. Dazu gehören:

- das Erfassungsprotokoll zur Kontrolle der erfassten Buchungssätze,
- das Buchungsjournal (Grundbuch) für den jeweiligen Abrechnungszeitraum,
- die Kontenblätter für Sachkonten (Hauptbuch),
- die Kontenblätter für Personenkonten (Kunden und Lieferanten),
- die Bilanz und die Gewinn- und Verlustrechnung,
- betriebswirtschaftliche und statistische Auswertungen.

Wenn die erfassten Daten einer Buchung eingegeben werden, wird zugleich die Gegenbuchung auf dem als Gegenkonto genannten Konto ausgeführt.
Bei der Buchung von Ein- und Ausgangsrechnungen werden in der EDV-Buch-

führung die Personenkonten angesprochen. Die auf Personenkonten gebuchten Beträge werden automatisch in die Sachkonten Forderungen an Kunden und Verbindlichkeiten gegenüber Lieferanten übertragen. Die Zuordnung zum jeweiligen Sachkonto trifft das Buchführungsprogramm aufgrund der Kontonummer.
Dabei werden aus den Ein- und Ausgangsrechnungen Bruttobeträge eingegeben, die Vor- und Umsatzsteuerbeträge werden automatisch errechnet und gebucht. Auch erhaltene oder gewährte Skontobeträge werden als Programmfunktion oftmals automatisch überprüft, berechnet und gebucht, wobei auch die Steuerberichtigung durch das Programm erfolgt. Die manuelle Zusammenstellung der Umsätze und der dazugehörigen Steuerbeträge für die Umsatzsteuer-Voranmeldung entfällt, da die Zuordnung der Erlöskonten zu den Positionen der Umsatzsteuer-Voranmeldung bereits beim Einrichten des EDV-Buchführungsprogramms vorgenommen wird. Umsatzsteuer-Voranmeldungen können direkt ausgedruckt werden.
Nach jeder Buchung werden die Salden auf den neuesten Stand gebracht. Dadurch ist jederzeit eine Darstellung der aktuellen Zahlen auf Sach- und Personenkonten möglich.
Offene-Posten-Listen (OP-Listen) über noch nicht bezahlte Rechnungen von Kunden und an Lieferanten können direkt ausgegeben werden.
Periodenabschlüsse werden mit minimalem Zeit- und Arbeitsaufwand erstellt. Die eigentlichen Abschlussarbeiten erfolgen rechnergestützt im Dialog.
Auch die betriebswirtschaftlichen Auswertungen mit mehrfachen Auswertungsmöglichkeiten bringen oft bessere und zusätzliche Informationen.
Für die EDV-Buchführung gelten erhöhte Anforderungen hinsichtlich der Ordnungsmäßigkeit der Buchführung. Ein wichtiger Grundsatz ist die Datensicherung. Programme und Daten der EDV-Buchführung müssen vor Übertragungsfehlern, Verfälschung, Vernichtung und Diebstahl geschützt werden. Sie sind deshalb regelmäßig auf externe Datenträger zu kopieren. Sicherungskopien sind vor allem nach Eingabe der Stammdaten und vor jedem Jahresabschluss zu erstellen.

11 Internationale Rechnungslegung im Vergleich zum HGB

Neben den in Deutschland für die Buchführung geltenden Rechnungslegungsgrundsätzen nach dem HGB gibt es einige andere Rechnungslegungsgrundsätze. Sie sind besonders von international agierenden Unternehmen zu beachten. In Zukunft werden sich diese alternativen Rechnungslegungsgrundsätze jedoch auch stärker auf die Buchführung in deutschen Unternehmen auswirken. Sie werden deshalb im Folgenden kurz dargestellt.

Nach § 292a HGB sind alle kapitalmarktorientierten Unternehmen von der Aufstellung eines Konzernabschlusses nach den Vorschriften des HGB befreit, wenn der Konzernabschluss und der Konzernlagebericht nach international anerkannten Rechnungslegungsgrundsätzen aufgestellt worden sind. Diese Befreiungsvorschrift ist gültig für Geschäftsjahre, die spätestens am 31.12.2004 enden. Damit stellt sich die Frage, welche Rechnungslegungsgrundsätze es auf internationaler Ebene gibt. Anerkannt und weit verbreitet sind die Standards:

- US-GAAP (United States Generally Accepted Accounting Principles),
- IAS (International Accounting Standards).

Bei den US-GAAP handelt es sich um US-amerikanische Rechnungslegungsvorschriften mit Weltgeltung. Die IAS sind im Gegensatz zu den US-GAAP ein internationales Rechnungslegungssystem.

Angewendet werden solche Buchführungsstandards, um Bilanzen und Gewinn- und Verlustrechnungen, also die Jahresabschlüsse, international operierender Unternehmen vergleichen zu können. Genau diese internationale Vergleichbarkeit der Zahlen weltweit agierender Unternehmen strebt die Europäische Union an: Aufgrund einer Verordnung des EU-Ministerrats vom 6.6.2002 müssen alle kapitalmarktorientierten Unternehmen in der Europäischen Union ab 2005 einen Konzernabschluss nach dem internationalen Rechnungslegungsstandard IAS vorlegen. Europäische Unternehmen, die auch in den USA gelistet sind, dürfen ersatzweise bis 2007 einen Abschluss nach US-GAAP aufstellen.
Die Pflicht zur Aufstellung eines Einzelabschlusses nach HGB als Grundlage für die Bemessung der Ausschüttungen und zur Aufstellung einer Steuerbilanz für die steuerliche Gewinnermittlung wird jedoch auf absehbare Zeit fortbestehen.

Im Vergleich zu den Vorschriften des HGB enthalten die internationalen Rechnungslegungsvorschriften wesentliche Unterschiede. Nach HGB ist die Bewertung der im Jahresabschluss ausgewiesenen Vermögensgegenstände und Schulden nach dem Grundsatz der Vorsicht vorzunehmen. Insbesondere sind alle vorhersehbaren Risiken und Verluste zu berücksichtigen. Gewinne dürfen nur berücksichtigt werden, wenn sie am Abschlussstichtag realisiert sind (§ 252 Abs. 1 Nr. 4 HGB). Der Grundsatz der Vorsicht hat im HGB einen hohen Stellenwert. Die Vorschriften des HGB dienen zudem vorrangig dem Schutz der Gläubiger. Gewinnausschüttungen an Gesellschafter und Aktionäre sind infolgedessen nur in einem geringeren Umfang möglich.
Beim Jahresabschluss nach den international anerkannten Rechnungslegungsgrundsätzen IAS und US-GAAP handelt es sich um eine periodengerechte Erfolgsermittlung, die – im Gegensatz zum HGB – durch einen möglichst hohen ausschüttungsfähigen Gewinnausweis Investoren oder Aktionäre für eine Beteiligung interessieren soll. Der Grundsatz der Vorsicht ist hier demnach weniger berücksichtigt.
Die IAS-Regeln geben kein festes Gliederungsschema für die Bilanz vor, sondern nur Mindestpositionen, und zwar unabhängig von der Rechtsform. Auch eine bestimmte Konto- oder Staffelform für die Bilanz wie im HGB ist nicht vorgeschrieben.
Nach IAS sind für die Gewinn- und Verlustrechnung sowohl das Gesamtkostenverfahren als auch das Umsatzkostenverfahren zulässig. Die GuV-Gliederung ist allerdings nicht so umfangreich wie nach § 275 HGB. Ein weiterer Unterschied zum Abschluss nach HGB sind die weitaus umfangreicheren Informationen, die für die Aufstellung eines IAS-Anhangs benötigt werden. Dazu sind in der Finanzbuchhaltung des Unternehmens zusätzliche Informationen, beispielsweise durch eine erweiterte Aufgliederung des Kontenplans, zu erfassen. Außerdem sind auch Informationen aus anderen Bereichen des Rechnungswesen, insbesondere aus der Kostenrechnung, erforderlich.

Auf der Grundlage eines HGB-Abschlusses ist die Aufstellung eines Abschlusses nach internationalen Rechnungslegungsgrundsätzen möglich. Dabei sind die im HGB-Abschluss angewandten Ansatz- und Bewertungsgrundsätze in einer Überleitungsrechnung nachträglich abzuändern, indem für alle Bilanz- und GuV-Positionen die Abweichungen aufgrund der in der IAS-Norm enthaltenen Ansatz- und Bewertungsregeln ermittelt werden.

12 Abschlussübung

Klaus Kleidermann hat kürzlich ein Geschäft für Arbeits- und Berufsbekleidung eröffnet. Seine Eröffnungsbilanz sieht wie folgt aus:

Aktiva	Eröffnungsbilanz zum 1. August 20...		Passiva
Anlagevermögen		Eigenkapital	23.000,00 €
Fahrzeuge	20.000,00 €	Fremdkapital	
Betriebs- und		Darlehen	40.000,00 €
Geschäftsausstattung	32.000,00 €	Verbindlichkeiten	
Umlaufvermögen		aLuL	20.000,00 €
Waren	9.000,00 €		
Bankguthaben	20.000,00 €		
Kasse	2.000,00 €		
Summe Aktiva	83.000,00 €	Summe Passiva	83.000,00 €

1. Eröffnen Sie auf einem gesonderten T-Kontenblatt die Bestandskonten laut Eröffnungsbilanz und richten Sie folgende zusätzliche Konten ein: Eröffnungsbilanzkonto, Forderungen aLuL, Umsatzsteuer, Vorsteuer, USt-Vorauszahlungen, Verbindlichkeiten aus Steuern, Wareneinkauf, Anschaffungsnebenkosten WEK, Warenverkauf, gewährte Nachlässe WVK, Miete, Kfz-Reparaturen, Werbekosten, Bürobedarf, Zinsaufwendungen, Abschreibungen, Privatentnahmen, GuV-Konto, Schlussbilanzkonto

2. Buchen Sie die nachstehenden Geschäftsvorfälle!

1) Ein Fachgeschäft für Ladeneinrichtungen liefert Verkaufsregale auf Ziel.

	Ladeneinrichtung	7.698,00 €
–	5% Sonderrabatt	384,90 €
	Warenwert, netto	7.313,10 €
+	16% MwSt.	1.170,10 €
	Warenwert, brutto	8.483,20 €

2) Ein Fachhändler für Büro- und Schreibwaren liefert bestelltes Büromaterial auf Rechnung.

	diverses Büromaterial	102,80 €
+	16% MwSt.	16,45 €
	Rechnungsendbetrag	119,25 €

3) Die Spedition schickt für den Transport der Verkaufsregale eine Rechnung.

	Transportkosten	312,00 €
+	16% MwSt.	49,92 €
	Zu zahlender Betrag	361,92 €

4) Lieferung von Arbeitsanzügen an einen Kunden gegen Rechnung.

	Arbeitsanzüge	2.100,00 €
+	16% MwSt.	336,00 €
	Zu zahlender Betrag	2.436,00 €

5) Die Rechnung für die Verkaufsregale wird unter Abzug von 3% Skonto durch Banküberweisung beglichen.

6) Die Regionalzeitung berechnet für eine veröffentlichte Anzeige 350,90 € (302,50 € + 48,40 € MwSt.). Der Betrag soll später beglichen werden.

7) Der Kunde überweist auf das Bankkonto 2.436,00 €.

8) Für eine Kfz-Reparatur am Firmenfahrzeug werden 92,80 € (80,00 € + 12,80 € MwSt.) bar bezahlt.

9) Lieferung von Arbeitsanzügen an einen Kunden gegen Rechnung.

	Arbeitsanzüge	1.200,00 €
–	10% Rabatt	120,00
	Zwischensumme	1.080,00 €
+	16% MwSt.	172,80 €
	Zu zahlender Betrag	1.252,80 €

10) Für eine erhaltene Warenlieferung geht folgende Rechnung ein:

	Arbeitsanzüge	1.500,00 €
	Verpackung	50,00 €

	Lagerzuschlag	40,00 €
	Transport	60,00 €
	Zwischensumme	1.650,00 €
+	16% MwSt.	264,00 €
	Zu zahlender Betrag	1.914,00 €

11) Überweisung der Miete für die gemieteten Geschäftsräume 464,00 € (400,00 € + 64,00 € MwSt.).

12) Warenverkauf, bar, insgesamt 5.800,00 € (5.000,00 € + 800,00 € MwSt.).

13) Lieferung von Arbeitsanzügen an einen Kunden gegen Rechnung.

	Arbeitsanzüge	500,00 €
+	16% MwSt.	80,00 €
	Zu zahlender Betrag	580,00 €

14) Der Kunde reklamiert Mängel in der Lieferung und erhält deshalb eine Gutschrift über insgesamt 116,00 € (100,00 € + 16,00 € MwSt.).

15) Das Finanzamt überweist entsprechend der letzten Umsatzsteuer-Voranmeldung eine Umsatzsteuererstattung in Höhe von 865,40 €.

16) Abbuchung einer Rückzahlungsrate für das Bankdarlehen 290,00 € (Tilgung 150,00 €, Zinsen 140,00 €).

17) Bankeinzahlung 2.000,00 € aus der Geschäftskasse.

18) Überweisung von 2.000,00 € auf das Privatkonto.

19) Ein Kunde überweist 1.252,80 € zur Begleichung der Rechnung aus 9).

20) Abschreibung auf das Firmenfahrzeug 1.380,00 € und auf die Betriebs- und Geschäftsausstattung 1.650,00 €.

3. Der in einer Inventur zum Jahresabschluss festgestellte Warenbestand beträgt 6.300,00 €. Schließen Sie alle Konten über die Konten GuV-Konto, Eigenkapitalkonto und Schlussbilanzkonto ab! Erstellen Sie eine Schlussbilanz und eine GuV-Rechnung!

Anhang: Lösungen

1.3 Übungen

	Ja	Nein
Die Buchführung liefert Informationen über den Stand des Vermögens und der Schulden sowie über den Erfolg (Gewinn oder Verlust) einer Unternehmung.	☑	☐
Das Erstellen von Angeboten, Rechnungen und Lieferscheinen ist eine Aufgabe der Buchführung.	☐	☑
Alle Gewerbetreibenden sind zur Buchführung gesetzlich verpflichtet.	☐	☑
Alle Kaufleute sind zur Buchführung gesetzlich verpflichtet.	☑	☐
Alle Kaufleute werden erst mit dem Eintrag ins Handelsregister buchführungspflichtig.	☐	☑
Freiberufler mit einem Gewinn von jährlich mehr als 30.000 € sind zur Buchführung gesetzlich verpflichtet.	☐	☑
In der Buchführung werden die Bilanz und die Gewinn- und Verlustrechnung erstellt.	☑	☐
Die Buchführung und die sonstigen Aufzeichnungen werden von der Finanzbehörde der Besteuerung zugrunde gelegt.	☑	☐
Falsche Kontierungen auf Belegen können durch Überkleben korrigiert werden, wenn noch keine Buchung vorgenommen wurde.	☐	☑

3.4 Übungen

	Ja	Nein
Inventur ist die körperliche Bestandsaufnahme aller Vermögensteile und Schulden eines Unternehmens nach Art, Menge und Wert durch Zählen, Messen, Wiegen zu einem bestimmten Stichtag.	☑	☐
Die zeitverschobene Inventur ist innerhalb von zehn Tagen vor oder nach dem Bilanzstichtag durchzuführen.	☐	☑
Alle Warenbestände eines Großhandelsmarkts für Obst und Gemüse können in einer zeitverschobenen Inventur erfasst werden.	☐	☑
Für besonders wertvolle Wirtschaftsgüter darf keine permanente Inventur erfolgen.	☑	☐
Das Inventar ist ein ausführliches Verzeichnis, in dem nur die Gegenstände des Anlagevermögens zu erfassen sind.	☐	☑
Für die Bilanz die Kontoform gesetzlich vorgeschrieben.	☑	☐
Zum Anlagevermögen gehören beispielweise		
a) Maschinen, Warenbestände, Bundesbankguthaben	☐	☑
b) Rohstoffe und Werkzeuge	☐	☑
c) Geschäftsausstattung, Maschinen, Firmenfahrzeug	☑	☐

4.1.6 Übungen

Nr.	Konto Soll Konto Haben	AME PMI	AMI PME	Buchungssatz
1)	Waren Kasse	AME	 AMI	Waren 430,00 € an Kasse 430,00 €
2)	BGA Lieferantenverbindl.	AME	 PME	Betriebs- und Geschäftsausstg. 620,00 € an Lieferantenverbindlichkeiten 620,00 €
3)	Bank Kasse	AME	 AMI	Bank 400,00 € an Kasse 400,00 €
4)	Fahrzeuge Lieferantenverbindl.	AME	 PME	Fahrzeuge 20.000,00 € an Lieferantenverbindlichkeiten 20.000,00 €
5)	Waren Lieferantenverbindl.	AME	 PME	Waren 1.400,00 € an Lieferantenverbindlichkeiten 1.400,00 €
6)	Lieferantenverbindl. Waren	PMI	 AMI	Lieferantenverbindlichkeiten 200,00 € an Waren 200,00 €
7)	Kundenforderungen Waren	AME	 AMI	Kundenforderungen 1.000,00 € an Waren 1.000,00 €
8)	Bank Kundenforderungen	AME	 AMI	Bank 1.000,00 € an Kundenforderungen 1.000,00 €
9)	Lieferantenverbindl. Darlehen	PMI	 PME	Lieferantenverbindlichkeiten 20.000,00 € an Darlehen 20.000,00 €
10)	Darlehen Bank	PMI	 AMI	Darlehen 300,00 € an Bank 300,00 €

Aktiva — Eröffnungsbilanz zum 1. Januar 20... — Passiva

Aktiva		Passiva	
Anlagevermögen		Eigenkapital	11.000,00 €
Fahrzeuge	1.500,00 €	Fremdkapital	
Betriebs- und Geschäftsausstattung	4.000,00 €	Darlehen	7.000,00 €
Umlaufvermögen		Lieferantenverbindlichkeiten	1.000,00 €
Waren	3.000,00 €		
Kundenforderungen	500,00 €		
Bankguthaben	8.000,00 €		
Kasse	2.000,00 €		
Summe Aktiva	19.000,00 €	Summe Passiva	19.000,00 €

S	Fahrzeuge		H
AB	1.500,00 €	EB	21.500,00 €
4)	20.000,00 €		
	21.500,00 €		21.500,00 €

S	Betriebs- und Geschäftsausstattung		H
AB	4.000,00 €	EB	4.620,00 €
2)	620,00 €		
	4.620,00 €		4.620,00 €

S	Waren		H
AB	3.000,00 €	6)	200,00 €
1)	430,00 €	7)	1.000,00 €
5)	1.400,00 €	EB	3.630,00 €
	4.830,00 €		4.830,00 €

S	Kundenforderungen		H
AB	500,00 €	8) Bank	1.000,00 €
7)	1.000,00 €	EB	500,00 €
	1.500,00 €		1.500,00 €

S	Bank		H
AB	8.000,00 €	10)	300,00 €
3)	400,00 €	EB	9.100,00 €
8)	1.000,00 €		
	9.400,00 €		9.400,00 €

S	Kasse		H
AB	2.000,00 €	1)	430,00 €
		3)	400,00 €
		EB	1.170,00 €
	2.000,00 €		2.000,00 €

S	Eigenkapital		H
EB	11.000,00 €	AB	11.000,00 €

S	Darlehen		H
10)	300,00 €	AB	7.000,00 €
EB	26.700,00 €	9)	20.000,00 €
	27.000,00 €		27.000,00 €

S	Lieferantenverbindlichkeiten		H
6)	200,00 €	AB	1.000,00 €
9)	20.000,00 €	2)	620,00 €
EB	2.820,00 €	4)	20.000,00 €
		5)	1.400,00 €
	23.020,00 €		23.020,00 €

Aktiva	Schlussbilanz zum 31. Dezember 20...		Passiva
Anlagevermögen		Eigenkapital	11.000,00 €
Fahrzeuge	21.500,00 €	Fremdkapital	
Betriebs-		Darlehen	26.700,00 €
und Geschäftsausstattung	4.620,00 €	Lieferanten-	
Umlaufvermögen		verbindlichkeiten	2.820,00 €
Waren	3.630,00 €		
Kundenforderungen	500,00 €		
Bankguthaben	9.100,00 €		
Kasse	1.170,00 €		
Summe Aktiva	40.520,00 €	Summe Passiva	40.520,00 €

Welche Geschäftsvorfälle liegen folgenden Buchungssätzen zugrunde?

Lieferantenverbindlichkeiten an Bank 3.000,00 €
Eine gebuchte Eingangsrechnung wird durch Überweisung vom Bankkonto beglichen.

Bank an Kasse 2.000,00 €
Aus der Geschäftskasse werden 2.000,00 € entnommen und auf das Geschäftskonto eingezahlt.

Waren an Lieferantenverbindlichkeiten 7.400,00 €
Für den Wareneinkauf auf Ziel geht eine Eingangsrechnung ein.

Bank an Kundenforderungen 2.500,00 €
Ein Kunde begleicht eine gebuchte Ausgangsrechnung durch Banküberweisung.

Kasse an Betrieb- und Geschäftsausstattung 980,00 €
Betriebs- und Geschäftsausstattung wird gegen Barzahlung verkauft.

Darlehen an Bank 800,00 €
Zur Tilgung eines Darlehens werden 800,00 € vom Bankkonto abgebucht.

Kundenforderungen an Waren 4.200,00 €
Für einen Warenverkauf auf Ziel liegt eine Ausgangsrechnung vor.

Verbindlichkeiten an Waren 500,00 €
Für die Rücksendung von Ware an den Lieferanten wird eine Gutschrift erteilt.

4.2.4 Übungen

	Ja	Nein
Aufwendungen werden im Soll, Erträge werden im Haben gebucht.	☑	☐
Das Konto Bürobedarf ist ein Aufwandskonto.	☑	☐
Das Konto Forderungen ist ein Ertragskonto.	☐	☑
Bei der Gutschrift von Zinsen auf ein betriebliches Bankkonto handelt es sich um einen Ertrag.	☑	☐
Wird eine Lieferantenverbindlichkeit durch Überweisung vom Bankkonto beglichen, verringert sich das Eigenkapital.	☐	☑
Eine betrieblich verursachte Eigenkapitalminderung wird als Aufwand bezeichnet.	☑	☐
Erfolgskonten sind Unterkonten des Kontos Eigenkapital.	☑	☐
Erfolgskonten werden über das Konto Eigenkapital abgeschlossen.	☐	☑
Erfolgskonten werden über das GuV-Konto abgeschlossen.	☑	☐
Nach Abschluss aller Erfolgskonten ergibt sich ein Saldo von 20.000,00 € im Soll des GuV-Kontos. Der Unternehmer hat demzufolge einen Verlust von 20.000,00 € erzielt.	☐	☑

4.3.3 Übungen

	Ja	Nein
Privatentnahmen und Privateinlagen können nur in Form von Bargeld geleistet werden.	☐	☑
Privateinlagen können auch in Form von Sacheinlagen geleistet werden.	☑	☐
Privatentnahmen können auch in Form von Sachentnahmen geleistet werden.	☑	☐
Zahlt ein Einzelunternehmer sich selbst regelmäßig einen so genannten Unternehmerlohn, handelt es sich nicht um eine Privatentnahme, sondern um Aufwand, der den Gewinn schmälert.	☐	☑
Privatentnahmen erhöhen den Verlust eines Unternehmens.	☐	☑
Sind die Privatentnahmen höher als der Jahresgewinn, mindert sich das Eigenkapital.	☑	☐
Durch Privateinlagen erhöht sich das Eigenkapital.	☑	☐
Die Konten Privatentnahmen und Privateinlagen sind Unterkonten des Kontos Eigenkapital.	☑	☐
Die Konten Privatentnahmen und Privateinlagen werden immer direkt über das Konto Eigenkapital abgeschlossen.	☑	☐

4.4.4 Übungen

Welche Angabe ist nicht aus den Warenkonten zu ersehen, wird aber für den Abschluss der Warenkonten benötigt? Wie wird sie ermittelt?
Der Endbestand der Waren zum Bilanzstichtag ist aus den Warenkonten nicht ersichtlich. Er muss durch eine Inventur festgestellt werden. Durch die Ermittlung der Bestandsveränderungen kann der Wareneinsatz berechnet werden.

Im Wirtschaftsjahr betragen die Wareneinsatzkosten 30.000,00 €. Ermitteln Sie die Höhe der Wareneinkäufe (Wareneinstandspreis), wenn zum Bilanzstichtag
a) eine Bestandsmehrung von 7.500,00 €,
b) eine Bestandsminderung von 5.000,00 € vorliegt.
Die tatsächlichen Wareneinsatzkosten ergeben sich als Saldo bei Abschluss des Kontos Wareneinkauf. Die Bestandsveränderungen korrigieren die Wareneinkäufe (Wareneinstandspreis) zu den tatsächlichen Wareneinsatzkosten durch Abzug der Bestandsmehrung bzw. Hinzurechnung der Bestandsminderung.

S Wareneinkauf	H
Wareneinkäufe zu Einstandspreisen	Bestandsmehrung
	Wareneinsatz

S Wareneinkauf	H
Wareneinkäufe zu Einstandspreisen	Wareneinsatz
Bestandsminderung	

a) Es liegen Wareneinkäufe in Höhe von 37.500,00 € vor.
b) Es liegen Wareneinkäufe in Höhe von 25.000,00 € vor.

Buchen Sie auf den entsprechenden Konten und schließen Sie die Warenkonten ab! Ermitteln Sie die Bestandsveränderung, den Wareneinsatz und den Warenrohgewinn!

S Warenbestand H

S		H	
1)	45.000,00 €	7)	39.500,00 €
		WEK (Bestandsminderung)	5.500,00 €
	45.000,00 €		45.000,00 €

S Wareneinkauf H

S		H	
2)	15.000,00 €	GuV (Wareneinsatz)	26.000,00 €
3)	2.000,00 €		
4)	3.500,00 €		
Warenb.	5.500,00 €		
	26.000,00 €		26.000,00 €

S Warenverkauf H

S		H	
GuV	51.500,00 €	5)	42.000,00 €
		6)	9.500,00 €
	51.500,00 €		51.500,00 €

S Kundenforderungen H

S		H	
5)	42.000,00 €		
6)	9.500,00 €		

S Lieferantenverbindlichkeiten H

S		H	
		2)	15.000,00 €
		3)	2.000,00 €
		4)	3.500,00 €

S Eröffnungsbilanzkonto H

S		H	
		1)	45.000,00 €

S GuV H

S		H	
WEK	26.000,00 €	WVK	51.500,00 €
Saldo (Warenrohgewinn)	25.500,00 €		
	51.500,00 €		51.500,00 €

S Schlussbilanzkonto H

S		H	
7)	39.500,00 €		

Die Gegenbuchung zum Abschluss des GuV-Kontos würde auf dem Konto Eigenkapital erfolgen, das hier nicht dargestellt ist. Der Warenbestand hat sich um 5.500,00 € gemindert, der Wareneinsatz beträgt 26.000,00 € und der Warenrohgewinn 25.500,00 €. Diese Beträge ergeben sich als Salden der Konten Warenbestand, Wareneinkauf und GuV.

4.6 Zusammenfassende Übung

Buchungssätze:
1) Kasse 500,00 € an Warenverkauf 500,00 €
2) Bank 150,00 an Kundenforderungen 150,00 €
3) Bürobedarf 20,00 € an Kasse 20,00 €
4) Miete 200,00 € an Bank 200,00 €
5) Betriebs- und Geschäftsausstattung 450,00 € an Lieferantenverbindlichkeiten 450,00 €
6) Privatentnahmen 500,00 € an Bank 500,00 €
7) Kundenforderungen 1.300,00 € an Warenverkauf 1.300,00 €
8) Bank 300,00 € an Kundenforderungen 300,00 €
9) Darlehen 150,00 €/Zinsaufwendungen 140,00 € an Bank 290,00 €

10) Kasse 800,00 € an Warenverkauf 800,00 €
11) Bank 1.200,00 € an Kasse 1.200,00 €
12) Wareneinkauf 600,00 € an Lieferantenverbindlichkeiten 600,00 €
13) Lieferantenverbindlichkeiten 300,00 € an Wareneinkauf 300,00 €
14) Privatentnahmen 1.000,00 € an Bank 1.000,00 €
15) Abschreibungen 2.000,00 € an Fahrzeuge 750,00 €/Betriebs- und Geschäftsausstattung 1.250,00 €

Der Wareneinsatz beträgt 1.400,00 €. Dieser Betrag ergibt sich als Saldo des Kontos Wareneinkauf.
Der Warenrohgewinn beträgt 1.200,00 €. Der Betrag ergibt sich aus der Differenz zwischen dem Saldo Konto Warenverkauf und dem Saldo Konto Wareneinkauf = 2.600,00 € – 1.400,00 €. Aus dem Saldo des GuV-Kontos (im Haben) ergibt sich ein Jahresfehlbetrag (= Verlust) von 1.160,00 €.

Aktiva	Eröffnungsbilanz zum 1. Januar 20...		Passiva
Anlagevermögen		Eigenkapital	20.850,00 €
Fahrzeuge	4.250,00 €	Fremdkapital	
Betriebs- und Geschäftsausstattung	12.200,00 €	Darlehen	11.000,00 €
Umlaufvermögen		Lieferantenverbindlichkeiten	2.000,00 €
Waren	9.400,00 €		
Kundenforderungen	600,00 €		
Bankguthaben	7.000,00 €		
Kasse	400,00 €		
Summe Aktiva	33.850,00 €	Summe Passiva	33.850,00 €

S	Fahrzeuge		H
EBK	4.250,00 €	15)	750,00 €
		SBK	3.500,00 €
	4.250,00 €		4.250,00 €

S	Betriebs- und Geschäftsausstattung		H
EBK	12.200,00 €	15)	1.250,00 €
5)	450,00 €	SBK	11.400,00 €
	12.650,00 €		12.650,00 €

S	Warenbestand		H
EBK	9.400,00 €	SBK	8.300,00 €
		Wareneinkauf	1.100,00 €
	9.400,00 €		9.400,00 €

S	Kundenforderungen		H
EBK	600,00 €	2)	150,00 €
7)	1.300,00 €	8)	300,00 €
		SBK	1.450,00 €
	1.900,00 €		1.900,00 €

Bank

S		H	
EBK	7.000,00 €	4)	200,00 €
2)	150,00 €	6)	500,00 €
8)	300,00 €	9)	290,00 €
11)	1.200,00 €	14)	1.000,00 €
		SBK	6.660,00 €
	8.650,00 €		8.650,00 €

Kasse

S		H	
EBK	400,00 €	3)	20,00 €
1)	500,00 €	11)	1.200,00 €
10)	800,00 €	SBK	480,00 €
	1.700,00 €		1.700,00 €

Eigenkapital

S		H	
Priv.-E.	1.500,00 €	EBK	20.850,00 €
GuV	1.160,00 €		
SBK	18.190,00 €		
	20.850,00 €		20.850,00 €

Darlehen

S		H	
9)	150,00 €	EBK	11.000,00 €
SBK	10.850,00 €		
	11.000,00 €		11.000,00 €

Lieferantenverbindlichkeiten

S		H	
13)	300,00 €	EBK	2.000,00 €
SBK	2.750,00 €	5)	450,00 €
		12)	600,00 €
	3.050,00 €		3.050,00 €

Eröffnungsbilanzkonto

S		H	
Eig.k.	20.850,00 €	Fahrz.	4.250,00 €
Darl.	11.000,00 €	BGA	12.200,00 €
Lief.v.	2.000,00 €	Waren	9.400,00 €
		Kund.f.	600,00 €
		Bank	7.000,00 €
		Kasse	400,00 €
	33.850,00 €		33.850,00 €

Wareneinkauf

S		H	
12)	600,00 €	13)	300,00 €
Warenb.	1.100,00 €	GuV	1.400,00 €
	1.700,00 €		1.700,00 €

Warenverkauf

S		H	
GuV	2.600,00 €	1)	500,00 €
		7)	1.300,00 €
		10)	800,00 €
	2.600,00 €		2.600,00 €

Bürobedarf

S		H	
3)	20,00 €	GuV	20,00 €

Miete

S		H	
4)	200,00 €	GuV	200,00 €

Zinsaufwendungen

S		H	
9)	140,00 €	GuV	140,00 €

Abschreibungen

S		H	
15)	2.000,00 €	GuV	2.000,00 €

S	Privatentnahmen		H
6)	500,00 €	Eigen-	
14)	1.000,00 €	kapital	1.500,00 €
	1.500,00 €		1.500,00 €

S	GuV		H
WEK	1.400,00 €	WVK	2.600,00 €
Bürobed.	20,00 €	Eig.kap.	1.160,00 €
Miete	200,00 €		
Zinsaufw.	140,00 €		
Abschr.	2.000,00 €		
	3.760,00 €		3.760,00 €

S	Schlussbilanzkonto		H
Waren-bestand	8.300,00 €	Eig.k.	18.190,00 €
Fahrz.	3.500,00 €	Darl.	10.850,00 €
BGA	11.400,00 €	Lief.v.	2.750,00 €
Kund.f.	1.450,00 €		
Bank	6.660,00 €		
Kasse	480,00 €		
	31.790,00 €		31.790,00 €

Aktiva	Schlussbilanz zum 31. Dezember 20...		Passiva
Anlagevermögen		Eigenkapital	18.190,00 €
Fahrzeuge	3.500,00 €	Fremdkapital	
Betriebs- und Geschäftsausstattung	11.400,00 €	Darlehen	10.850,00 €
Umlaufvermögen		Lieferanten-verbindlichkeiten	2.750,00 €
Waren	8.300,00 €		
Kundenforderungen	1.450,00 €		
Bankguthaben	6.660,00 €		
Kasse	480,00 €		
Summe Aktiva	31.790,00 €	Summe Passiva	31.790,00 €

6.6 Übungen

	Ja	Nein
Umsatzsteuerbeträge auf Ausgangsrechnungen sind Verbindlichkeiten gegenüber dem Finanzamt.	☑	☐
Eine generelle Verpflichtung zum gesonderten Ausweis der Umsatzsteuer besteht nicht. Der Unternehmer ist jedoch verpflichtet, auf Verlangen eines anderen Unternehmers, für dessen Unternehmen er Umsätze ausführt, die Steuer gesondert auszuweisen.	☑	☐
Wenn ein umsatzsteuerpflichtiger Unternehmer auf einer Ausgangsrechnung keine Umsatzsteuer und keinen Umsatzsteuersatz ausweist, ist die in Rechnung gestellte Leistung von der Umsatzsteuer befreit.	☐	☑

	Ja	Nein
Ein Unternehmer erhält eine Rechnung über den Kauf eines Registrierkasseneinsatzes für 85,00 € mit dem Vermerk „einschließlich 16% Mehrwertsteuer". Ist die in Rechnung gestellte Umsatzsteuer als Vorsteuer abzugsfähig?	☑	☐
Ein Unternehmer kauft zwei Druckerpatronen zu je 65,00 €. Er erhält eine Rechnung über 130,00 € mit dem Vermerk „einschließlich 16% Mehrwertsteuer". Ist die in Rechnung gestellte Umsatzsteuer als Vorsteuer abzugsfähig?	☐	☑
Sind die abziehbaren Vorsteuerbeträge größer als die geschuldeten Umsatzsteuerbeträge, erfolgt eine Erstattung durch das Finanzamt.	☑	☐
Die Zahllast ist der Unterschiedsbetrag zwischen Umsatzsteuerschuld und abziehbarer Vorsteuer.	☑	☐

Wie wirkt sich eine Warenrücksendung an den Lieferanten auf eine zu leistende Umsatzsteuer-Vorauszahlung aus?
Der Anspruch auf Vorsteuer vermindert sich, die zu leistende Umsatzsteuer-Vorauszahlung erhöht sich.

Wie sind gewährte Rabatte zu buchen?
Sofort gewährte Rabatte werden nicht gesondert gebucht. Es sind nur die verminderten Anschaffungskosten zu buchen.
Nachträglich gewährte Rabatte führen zu einer Gutschriftanzeige. Es handelt sich um eine Anschaffungskostenminderung. Im Einkaufsbereich muss dazu keine Trennung der Konten erfolgen. Es ist aber zweckmäßig, ein Unterkonto für gewährte Nachlässe einzurichten. Der Abschluss des Kontos erfolgt dann über das entsprechende Hauptkonto zum Wareneinkauf. Außerdem führt die Gutschriftanzeige zu einer Korrektur der Vorsteuer.

Warum sind bei Skonti, Boni und nachträglich gewährten Rabatten Berichtigungen der Umsatzsteuer bzw. der Vorsteuer erforderlich?
Bemessungsgrundlage für die Umsatzsteuer ist das Nettoentgelt. Skonti, Boni und nachträglich gewährte Rabatte sind Erlösschmälerungen bzw. Anschaffungskostenminderungen, durch die das Nettoentgelt als Bemessungsgrundlage für die Umsatzsteuer verringert wird. Umsatzsteuer und Vorsteuer müssen deshalb korrigiert werden.

Was ist zu beachten, wenn Skonti beim Kauf von Anlagegegenständen oder beim Kauf von Büromaterial o.Ä. in Anspruch genommen werden?
Skonti, die beim Kauf von Anlagegegenständen in Anspruch genommen werden, mindern die Anschaffungskosten des Anlagegegenstands und sind direkt auf dem Anlagekonto im Haben zu buchen.
Skonti, die beim Kauf von Büromaterial oder bei anderen Kostenrechnungen in Anspruch genommen werden, werden im Haben des jeweiligen Aufwandskontos gebucht. Sie mindern den Aufwand.

9.5 Übung

Einnahmenüberschussrechnung

1. Betriebseinnahmen		
Honorareinnahmen, netto		36.600,00 €
Vereinnahmte Umsatzsteuer		2.562,00 €
Summe		39.162,00 €
2. Betriebsausgaben		
Umsatzsteuerzahlungen		
▪ Umsatzsteuer-Vorauszahlungen	1.812,00 €	
▪ Umsatzsteuer-Nachzahlung	88,00 €	1.900,00 €
Verausgabte Vorsteuer		782,00 €
Instandhaltung BGA, netto		450,00 €
Büroausgaben, netto		
▪ Portokosten	440,00 €	
▪ Telefon/Fax	600,00 €	
▪ Bürobedarf	425,00 €	
▪ Fachbücher/Fachzeitschriften	600,00 €	
▪ Werbekosten	150,00 €	
▪ Fortbildungskosten	2.800,00 €	
▪ Reisekosten	400,00 €	
▪ Kontoführungsgebühren	85,00 €	5.500,00 €
Abschreibungen		
▪ Arbeitszimmer	180,00 €	
▪ Personalcomputer	400,00 €	
▪ GWG	225,00 €	805,00 €
Anteilige Aufwendungen für Arbeitszimmer		560,00 €
Summe		9.997,00 €
3. Überschuss (Gewinn)		
Betriebseinnahmen		39.162,00 €
– Betriebsausgaben		9.997,00 €
Überschuss (Gewinn)		29.165,00 €

Bestände auf dem Bankkonto sind für die Einnahmenüberschussrechnung nicht relevant. Die Aufzeichnungen über den Rest- oder Buchbestand für das Arbeitszimmer und für den Personalcomputer sind im Zusammenhang mit der Bestimmung der steuerlich zulässigen AfA-Beträge erforderlich (gesondertes Verzeichnis).

Privatentnahmen und Beiträge zur Sozialversicherung für den Selbstständigen sind keine Betriebsausgaben, auch nicht, wenn gegebenenfalls eine Pflichtversicherung vorliegt.

Der am 27.12. angeschaffte Tischkopierer kann zum 31.12. als geringwertiges Wirtschaftsgut sofort abgeschrieben werden. Ausschlaggebend sind die Anschaffungskosten ohne Umsatzsteuer (nicht mehr als 410,00 €). Die dafür in Rechnung gestellte Mehrwertsteuer in Höhe von 36,00 € kann allerdings erst in der Einnahmenüberschussrechnung des nachfolgenden Jahrs als Betriebsausgabe geltend gemacht werden, da die Bezahlung erst am 3.1. erfolgt.

12 Abschlussübung

Buchungssätze:

1) *BGA 7.313,10 €/VSt 1.170,10 € an Verbindlichkeiten aLuL 8.483,20 €*
2) *Bürobedarf 102,80 €/VSt 16,45 € an Verbindlichkeiten aLuL 119,25 €*
3) *BGA 312,00 €/VSt 49,92 € an Verbindlichkeiten aLuL 361,92 €*
   Die Transportkosten werden als Anschaffungsnebenkosten direkt auf dem Anlagekonto gebucht.
4) *Forderungen aLuL 2.436,00 € an Warenverkauf 2.100,00 €/USt 336,00 €*
5) *Verbindlichkeiten aLuL 8.483,20 € an BGA 219,40 €/VSt 35,10 €/Bank 8.228,70 €*
6) *Werbekosten 302,50 €/VSt 48,40 € an Verbindlichkeiten aLuL 350,90 €*
7) *Bank 2.436,00 € an Forderungen aLuL 2.436,00 €*
8) *Kfz-Reparatur 80,00 €/VSt 12,80 € an Kasse 92,80 €*
9) *Forderungen aLuL 1.252,80 € an Warenverkauf 1.080,00 €/USt 172,80 €*
10) *Wareneinkauf 1.500,00 €/Anschaffungsnebenkosten WEK 150,00 €/VSt 264,00 € an Verbindlichkeiten aLuL 1.914,00 €*
11) *Miete 400,00 €/VSt 64,00 € an Bank 464,00 €*
12) *Kasse 5.800,00 € an Warenverkauf 5.000,00 €/USt 800,00 €*
13) *Forderungen aLuL 580,00 € an Warenverkauf 500,00 €/USt 80,00 €*
14) *Gewährte Nachlässe Warenverkauf 100,00 €/USt 16,00 € an Forderungen aLuL 116,00 €*
15) *Bank 865,40 € an USt-Vorauszahlungen 865,40 €*
16) *Darlehen 150,00 €/Zinsaufwendungen 140,00 € an Bank 290,00 €*
17) *Bank 2.000,00 € an Kasse 2.000,00 €*
18) *Privatentnahmen 2.000,00 € an Bank 2.000,00 €*
19) *Bank 1.252,80 € an Forderungen aLuL 1.252,80 €*
20) *Abschreibungen 3.030,00 € an Fahrzeuge 1.380,00 €/BGA 1.650,00 €*

S	Fahrzeuge		H
EBK	20.000,00 €	20)	1.380,00 €
		SBK	18.620,00 €
	20.000,00 €		20.000,00 €

S	Betriebs- und Geschäftsausstattung		H
EBK	32.000,00 €	5)	219,40 €
1)	7.313,10 €	20)	1.650,00 €
3)	312,00 €	SBK	37.755,70 €
	39.625,10 €		39.625,10 €

S	Warenbestand		H
EBK	9.000,00 €	SBK	6.300,00 €
		WEK	2.700,00 €
	9.000,00 €		9.000,00 €

S	Forderungen aLuL		H
EBK	0,00 €	7)	2.436,00 €
4)	2.436,00 €	14)	116,00 €
9)	1.252,80 €	19)	1.252,80 €
13)	580,00 €	SBK	464,00 €
	4.268,80 €		4.268,80 €

S	Bank		H
EBK	20.000,00 €	5)	8.228,70 €
7)	2.436,00 €	11)	464,00 €
15)	865,40 €	16)	290,00 €
17)	2.000,00 €	18)	2.000,00 €
19)	1.252,80 €	SBK	15.571,50 €
	26.554,20 €		26.554,20 €

S	Kasse		H
EBK	2.000,00 €	8)	92,80 €
12)	5.800,00 €	17)	2.000,00 €
		SBK	5.707,20 €
	7.800,00 €		7.800,00 €

S	Eigenkapital		H
Priv.-E.	2.000,00 €	EBK	23.000,00 €
SBK	21.174,70 €	GuV	174,70 €
	23.174,70 €		23.174,70 €

S	Darlehen		H
16)	150,00 €	EBK	40.000,00 €
SBK	39.850,00 €		
	40.000,00 €		40.000,00 €

S	Verbindlichkeiten aLuL		H
5)	8.483,20 €	EBK	20.000,00 €
SBK	22.746,07 €	1)	8.483,20 €
		2)	119,25 €
		3)	361,92 €
		6)	350,90 €
		10)	1.914,00 €
	31.229,27 €		31.229,27 €

S	Eröffnungsbilanzkonto		H
Eig.k.	23.000,00 €	Fahrz.	20.000,00 €
Darl.	40.000,00 €	BGA	32.000,00 €
Lief.v.	20.000,00 €	Waren	9.000,00 €
		Ford.	0,00 €
		Bank	20.000,00 €
		Kasse	2.000,00 €
	83.000,00 €		83.000,00 €

S	Umsatzsteuer		H
14)	16,00 €	4)	336,00 €
USt-Voraus-zahl.	1.372,80 €	9)	172,80 €
		12)	800,00 €
		13)	80,00 €
	1.388,80 €		1.388,80 €

S	Vorsteuer		H
1)	1.170,10 €	5)	35,10 €
2)	16,45 €	USt-Voraus-zahl.	1.590,57 €
3)	49,92 €		
6)	48,40 €		
8)	12,80 €		
10)	264,00 €		
11)	64,00 €		
	1.625,67 €		1.625,67 €

S	USt-Vorauszahlungen		H
VSt	1.590,57 €	15)	865,40 €
Verb. Steuern	647,63 €	USt	1.372,80 €
	2.238,20 €		2.238,20 €

S	Verbindlichkeiten aus Steuern		H
SBK	647,63 €	USt-Voraus-zahl.	647,63 €
	647,63 €		647,63 €

S	Wareneinkauf		H
10)	1.500,00 €	GuV	4.350,00 €
Warenbestand	2.700,00 €		
ANK	150,00 €		
	4.350,00 €		4.350,00 €

S	Anschaffungsnebenkosten WEK		H
10)	150,00 €	WEK	150,00 €

S	Warenverkauf		H
Nachl.	100,00 €	4)	2.100,00 €
GuV	8.580,00 €	9)	1.080,00 €
		12)	5.000,00 €
		13)	500,00 €
	8.680,00 €		8.680,00 €

S	gewährte Nachlässe WVK		H
14)	100,00 €	WVK	100,00 €

S	Miete		H
11)	400,00 €	GuV	400,00 €

S	Kfz-Reparaturen		H
8)	80,00 €	GuV	80,00 €

S	Werbekosten		H
6)	302,50 €	GuV	302,50 €

S	Bürobedarf		H
2)	102,80 €	GuV	102,80 €

S	Zinsaufwendungen		H
16)	140,00 €	GuV	140,00 €

S	Abschreibungen		H
20)	3.030,00 €	GuV	3.030,00 €

S	Privatentnahmen		H
18)	2.000,00 €	Eig.k.	2.000,00 €

S	Schlussbilanzkonto		H
Warenbestand	6.300,00 €	Eig.k.	21.174,70 €
Fahrz.	18.620,00 €	Darl.	39.850,00 €
BGA	37.755,70 €	Verb. aLuL	22.746,07 €
Ford.	464,00 €	aus St.	647,03 €
Bank	15.571,50 €		
Kasse	5.707,20 €		
	84.418,40 €		84.418,40 €

S	GuV		H
WEK	4.350,00 €	WVK	8.580,00 €
Miete	400,00 €		
Kfz-Rep.	80,00 €		
Werbek.	302,50 €		
Bürobed.	102,80 €		
Zinsaufw.	140,00 €		
Abschr.	3.030,00 €		
Eig.k.	174,70 €		
	8.580,00 €		8.580,00 €

Aktiva	Schlussbilanz zum 31. Dezember 20...		Passiva
Anlagevermögen		Eigenkapital	21.174,70 €
Fahrzeuge	18.620,00 €	Fremdkapital	
Betriebs- und Geschäftsausstattung	37.755,70 €	Darlehen	39.850,00 €
Umlaufvermögen		Verbindlichkeiten	23.393,70 €
Waren	6.300,00 €		
Forderungen	464,00 €		
Bankguthaben	15.571,50 €		
Kasse	5.707,20 €		
Summe Aktiva	84.418,40 €	Summe Passiva	84.418,40 €

GuV-Rechnung

1. Umsatzerlöse	8.580,00 €
2. Verminderung des Bestands an fertigen Erzeugnissen	2.700,00 €
3. Aufwendungen für bezogene Waren	1.650,00 €
4. Rohergebnis (Pos. 1 bis 3)	4.230,00 €
5. Abschreibungen auf Sachanlagen	3.030,00 €
6. sonstige betriebliche Aufwendungen	885,30 €
7. Zinsen und ähnliche Aufwendungen	140,00 €
8. Jahresüberschuss (Pos. 4 bis 7)	174,70 €

Literaturverzeichnis

Handelsgesetzbuch (HGB). 40., überarb. Aufl. (Beck-Texte im dtv). München: Deutscher Taschenbuch Verlag, 2003.

Horschitz/Groß/Weidner: Bilanzsteuerrecht und Buchführung. 6., neubearb. Aufl. (Finanz und Steuern, Band 1). Stuttgart: Schäffer-Poeschel, 1995.

Kirsch, Hanno: Meilensteine bei der Umstellung der Rechnungslegung von HGB auf IAS. In: Betrieb und Wirtschaft, 56. Jg. (2002) H. 13, S. 529–534.

Kresse/Leuz (Hrsg.): Internationale Rechnungslegung, Internationales Steuerrecht. (Die neue Schule des Bilanzbuchhalters, Band 6). Stuttgart: Schäffer-Poeschel, 2002.

Martius, Goetz: Schnellkurs Bilanzen erstellen und verstehen. (Kaufmännisches Grundwissen für Neu- und Quereinsteiger). Würzburg: Lexika Verlag, 1999.

Rutschmann/Rutschmann: Kontierung nach den DATEV-Kontenrahmen SKR 03 und 04. 10., überarb. Aufl. Ludwigshafen: Kiehl Verlag, 2001.

Schiederer/Loidl: Grundkurs der Buchführung. Grundlagen – Aufgaben – Lösungen. 10., überarb. Aufl. Stuttgart: Schäffer-Poeschel, 2003.

Schoor, Hans Walter: Von der Inventur zum Inventar. In: Betrieb und Wirtschaft, 56. Jg. (2002) H. 19, S. 793–799.

Segebrecht, Helmut: Die Einnahme-Überschussrechnung nach § 4 Abs. 3 EStG. 9., neubearb. und erw. Aufl. Herne/Berlin: Verlag Neue Wirtschafts-Briefe, 1996.

Wichtige Steuergesetze mit Durchführungsverordnungen. (NWB-Textausgabe). 51. Aufl. Herne/Berlin: Verlag Neue Wirtschafts-Briefe, 2003.

Stichwortverzeichnis